철인

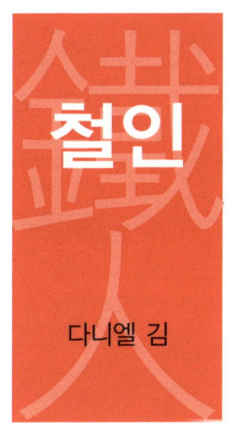

규장

프롤로그

세상을 초월한 철인

주님의 나라는 완성을 향해 오늘도 돌진하고 있다. 세상은 더 깊은 어두움 속으로 들어가고 있고, 모든 피조물은 회복을 향해 더 큰 소리로 탄식하고 있으며, 주님의 교회는 급속도로 알곡과 쭉정이로 나누어지고 있다. 주님의 나라가 날로 왕성해지듯이, 세상의 권세도 심판의 날을 향해 빠르게 달려가고 있다. 지나간 어떤 시대보다도 지금 이 땅에 사는 하나님의 백성들에게 더욱 치열한 영적전쟁의 계절이 도래한 것이다. 그래서 이 시대를 사는 모든 성도들에게는 인정사정없는 죄와의 싸움, 잔인할 정도의 자기부인, 시대를 돌파할 수 있는 강건함이 요구된다. 하나님나라에 속한 백성들이 영원한 본향에 들어가기 위해 세상의 왕국과 정면충돌할 준비를 해야 한다.

짧게 다음 세 가지 준비를 말하고 싶다.

첫째는 말씀 앞에 세워져야 한다.

주 여호와의 말씀이니라 보라 날이 이를지라 내가 기근을 땅에 보내리니 양식이 없어 주림이 아니며 물이 없어 갈함이 아니요 여호와의 말씀을 듣지 못한 기갈이라 사람이 이 바다에서 저 바다까지, 북쪽에서 동쪽까지 비틀거리며 여호와의 말씀을 구하려고 돌아다녀도 얻지 못하리니 그 날에 아름다운 처녀와 젊은 남자가 다 갈하여 쓰러지리라 암 8:11-13

이 시대의 비극은 하나님의 말씀이 성도들에게서조차 증발되고 있다는 점이다. 복음적인 요소가 담긴 말씀은 수없이 선포되어도, 복음 그 자체는 점점 희미해지고 있다. 자극을 주는 이야기로 인해 짧은 감정적 흥분은 느끼지만, 가슴을 치며 참회시키는 말씀은 찾아보기 힘들다. 오늘을 위한 행복은 선포되나, 내일의 환난을 위한 준비는 이루어지지 않고 있다.

이제는 교회에 성경책도 가지고 오지 않는 사람들이 많다. 때문에 말씀을 스크린에 띄워주지 않으면 함께 본문조차 읽을 수 없다. 하나님의 무거운 말씀을 견디지 못하는 시대가 된 것이다. 하지만,

이제 돌아가자. 다시 복음 앞으로! 말씀을 향한 두려움이 회복되며, 완전하고 순전한 복음으로 무장한 세대가 일어나기를 기도한다.

오라 우리가 여호와께로 돌아가자 여호와께서 우리를 찢으셨으나 도로 낫게 하실 것이요 우리를 치셨으나 싸매어주실 것임이라 … 그러므로 우리가 여호와를 알자 힘써 여호와를 알자 그의 나타나심은 새벽빛같이 어김없나니 비와 같이, 땅을 적시는 늦은 비와 같이 우리에게 임하시리라 하니라 … 나는 인애를 원하고 제사를 원하지 아니하며 번제보다 하나님을 아는 것을 원하노라 호 6:1,3,6

둘째는 온전한 예배자로 준비되어야 한다.

우물가에서 메시아를 독대한 사마리아 여인이 있었다. 해결할 수 없는 영적 목마름과 씨름하고 있는 그녀에게 주님께서는 이렇게 약속하셨다.

예수께서 이르시되 여자여 내 말을 믿으라 이 산에서도 말고 예루살렘에서도 말고 너희가 아버지께 예배할 때가 이르리라 너희는 알지 못하는 것을 예배하고 우리는 아는 것을 예배하노니 이는 구원이 유대인에게서 남이라 아버지께 참되게 예배하는 자들은 영과 진리로 예배할 때가 오나니 곧 이 때라 아버지께서는 자기에게 이렇게 예배

하는 자들을 찾으시느니라 하나님은 영(靈)이시니 예배하는 자가 영과 진리로 예배할지니라 요 4:21-24

하지만 오늘 우리의 현실은 이 약속과는 너무 대조적이다. 화려한 조명과 무대장치, 세련된 음악과 영상이 없는 예배를 불편해한다. 수많은 젊은이들은 찬양의 내용도 이해하지 않은 채 조명이 켜지고 음악이 흘러나옴과 동시에 뛰기 시작한다. 깊은 회개도, 살아계신 지존자의 임재 속에 들어가는 두려움과 떨림도, 참된 헌신도 찾아보기 힘들다. 그래서인지 그분의 측량할 수 없는 은혜가 너무 가볍게 여겨지는 것 같다.

중고등부를 위한 많은 프로그램이 있음에도 수많은 청소년들이 대학 진학과 동시에 교회를 떠나고 있다. 익숙한 형태의 예배와 신앙생활을 떠나 새로운 삶의 현장에 서게 되었을 때, 그들은 깨닫게 된다. 습관적으로 틀에 박힌 예배는 드려왔지만, 내 안에 계신 예수 그리스도와 진정한 교제를 하는 방법은 몰랐다는 것을, 예수 그리스도라는 우물에서 직접 생수를 길어 마시는 크리스천으로서의 본질이 없었던 것을….

이런 상황이라면 우리를 향해 전력을 다해 전진해오는 엄청난 핍박의 세력 앞에서 견뎌낼 재간이 없다.

예배자여 일어나라!

이제는 상황과 현실을 뛰어넘는 예배의 자리로 나오라! 화려한 조명 앞에서나 은밀한 골방에서나 동일하게 다가오시는 주님을 만나라! 큰소리로 부르는 찬양 속에서나 침묵할 수밖에 없는 핍박 속에서도 주님과 동행하라! 신령과 진정으로 주님께로 나오라!

마지막으로 세상을 초월한 철인으로 준비되어야 한다.
분명 내일은 환난이지, 평안이 아니다. 우리를 향한 세상의 공격은 주님께서 이 땅에 다시 오시는 그날까지 점진적으로 확대되어 간다. 오늘의 기준으로는 내일을 맞이할 수 없으며, 조건적인 행복을 더는 추구할 수 없는 시대가 왔다.
무언가가 있어 행복하다는 것은 그 무언가가 없어질 때 불행해진다는 뜻이요, 누군가가 나를 행복하게 해줄 수 있다는 것은 그 사람이 나를 불행하게도 만들 수 있다는 뜻이다. 이것은 근본적으로 불행한 삶이다. 문제가 해결되어 행복하고, 상황이 좋아져서 즐거워하며, 현실이 변화되어 기뻐하는 것만으로는 이 시대를 도저히 감당할 수 없다.
오늘, 주님께서는 세상이 감당치 못할 자들을 부르시며, 세우고 계신다. 이들은 예수 그리스도 한 분만으로 무장된 '철인'이다. 성경에서는 이들을 다음과 같이 소개하고 있다.

누가 우리를 그리스도의 사랑에서 끊으리요 환난이나 곤고나 박해나 기근이나 적신이나 위험이나 칼이랴 기록된 바 우리가 종일 주를 위하여 죽임을 당하게 되며 도살당할 양같이 여김을 받았나이다 함과 같으니라 그러나 이 모든 일에 우리를 사랑하시는 이로 말미암아 우리가 넉넉히 이기느니라 롬 8:35-37

예수 그리스도 한 분만으로 만족하여 현실에 무관하게 즐거워할 수 있는 능력의 소유자(합 3:17,18), 몸은 죽여도 영혼은 능히 죽이지 못하는 자들을 두려워하지 않고, 오직 여호와만을 두려워하는 예배자(마 10:28), 그 어떤 성취보다 하나님의 생명책에 이름이 기록된 것으로 인해 기뻐하는 자이다(눅 10:20). 또한 장차 임할 영광을 바라보며 현재의 고난을 돌파해내는 그리스도의 용사들이다.

나와 당신이 이와 같이 세상을 넉넉히 이기는 예수 그리스도의 군사로 주님께서 다시 오시는 그날, 그분 앞에 영광스럽게 서기를 기도한다.

다니엘 김

프롤로그

1 CHAPTER
33퍼센트에서 300퍼센트로 13

늘 떠나는 선교사 • 끝까지 견뎌라 • 나의 아버지 • 수백 통의 편지 • 죄인에게 임한 은혜 • 가정에서 받은 훈련 • 33퍼센트 인간 • 하나님의 사랑 위에 세운 삶

2 CHAPTER
내 영광이 아닌 하나님의 영광을 위해 43

인생의 목적 • 골방에서 만난 하나님 • 영광의 의미 • 나에게 굴복해라 • 나의 몫은 최선이다 • 변질된 영광 • 학교로 파송되다 • 단상 위에서 부른 찬양 • 아름다움을 흠모함 • 나의 첫 번째 강단 • 십자가 행진 • 십자가를 만난 사람 • 노방전도의 열매

3 CHAPTER
넓은 길을 거절하고 좁은 길로 103

희생이라는 대가 • 다니엘리즘 • 수학여행 때 생긴 일 • 기독교 과격분자 • 주님만 의지할 수 있는 곳으로 • 전쟁 같은 일과 • 천사 같은 선배 • 절망 중 만난 하나님 • 종교대장이 되다 • 하나님께 드린 졸업장 • 주님 제가 갈게요 • 한밤중에 온 손님 • 나의 소개 • 주님과 함께 가는 길

4 CHAPTER
짝퉁 복음에서 진짜 복음으로 159

내일은 환난이지 평안이 아니다 • 복음을 거절하는 세상 • 내 믿음은 내 몫 • 믿음을 잃으면 죽음이다 • 짝퉁 복음 • 진짜 복음 • 사랑이 이끄는 길 • 찾아오시는 하나님 • 모든 직무를 다하라 • 예수를 바라보라

5 CHAPTER
적당한 믿음에서 강철 같은 믿음으로 201

두 종류의 사람 • 철인의 탄생 • 또 어떤 이들은 • 더 좋은 부활 • 성폭자 철인 • 오늘 시작되는 천국 • 감옥에서 생수를 마시다 • 힐머니 선교사가 부르는 노래 • 가정교회의 소년 지도자

에필로그

하루는
지나가는 게 아니다.
잘 살든, 못 살든
그 하루는 하나님 앞에서
쌓이는 거다.

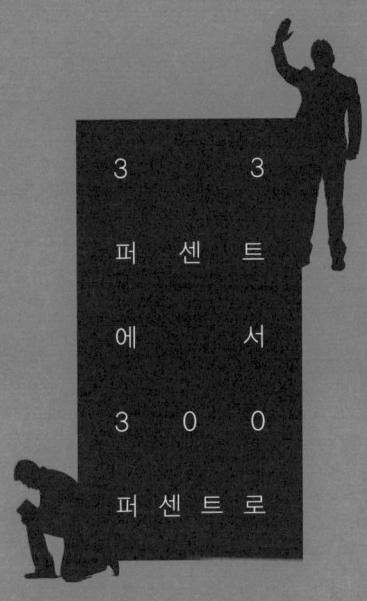

철인

세 상 이

감 당 치 못 할

믿 음 의 사 람

33퍼센트에서 300퍼센트로

늘 떠나는 선교사

내가 어렸을 때만 해도 아이들은 순진하고 단순해서 엄마 아빠 놀이, 의사와 환자 놀이, 선생님과 학생 놀이를 주로 했다. 요즘 아이들은 게임을 많이 하고 논다. 스타크래프트, 레인보우식스 등 사람을 죽이거나 지구를 지키거나 둘 중 하나다.

나는 4대째 기독교 가정에서 태어나서 어렸을 때부터 교회에서 크다시피 했다. 그래서 늘 찬양하고 말씀 듣고 기도하는 것을 보고 자랐다. 내가 일곱 살, 여동생이 네 살이었을 때 우리가 즐겨했던 놀이는 목사님과 성도 놀이였다. 여동생이 기도를 하고 있으면 내가 방문을 열고 들어간다. 그리고 두 손으로 성령의 불을 모으는 동작을 하면서 여동생에게 말한다.

"오늘은 어디가 아프냐?"

여동생의 병명은 매일 바뀐다. 하루는 배가 아프고, 어떤 날은 걷질 못하고, 또 눈이 안 보이는 날도 있다. 그럼 나는 여동생의 머리를 잡고 외친다.

"나사렛 예수 이름으로 명하노니 사탄 마귀 물러갈지어다!"

여동생이 갑자기 눈을 번쩍 뜨면서 말한다.

"보여요!"

나는 여동생을 일으켜 세우며 선포한다.

"기뻐 뛰며 찬양할지어다!"

그럼 여동생은 막 뛰면서 찬양을 한다. 지금 생각하면 웃음이 나지만 그때는 제법 진지하게 이런 놀이를 했다.

나는 한국에서 태어나 열 살까지 살다가 초등학교 4학년이 되던 해, 재일교포 2세이신 아버지가 태어나고 자란 일본으로 갔다. 일본에서는 17개국 학생들이 모여 영어로 공부하는 후쿠오카 국제학교(Fukuoka International School)에 다녔다. 거기서 고등학교까지 마치고 스무 살에 미국 남부 찰스턴에 있는 육군사관학교인 'The Citadel'(The Military College of South Carolina)에 입학했다. 사관학교를 졸업하자마자 시카고에 위치한 트리니티 신학대학원(Trinity Evangelical Divinity School)에서 4년간 목회학을 공부하면서 한인교회 두 곳에서 총 6년간 전도사로 사역했다. 그러다가 2006년에 선교사로 파송받았고, 2007년 2월에 미국 남침례교단(Southern Baptist)에서 목사 안수를 받고 중국으로 갔다. 그리고 지금은 전 세계를 돌아다니며 복음을 유통하는 사역을 하고 있다.

파송받고 중국에 갔다고 하면 사람들은 내가 중국 선교사인 줄 아는데 그렇지는 않다. 다만 미국을 떠날 때쯤 '어디에 발판을 두는 것이 가장 멀리, 가장 깊게, 가장 오래 사역할 수 있을까?' 고민한 결과, 당시 중국이 그런 역할을 해주는 나라라는 생각이 들었다.

내가 만약 한국 교회만을 배경으로 일한다면 북한과 이슬람권에서는 한정적인 사역을 할 수밖에 없을 것이다. 또 미국을 발판 삼아도 마찬가지다. 지금 전 세계 70퍼센트 이상의 나라들이 반미(反美) 국가가 되어, 미국 시민권으로 갈 수 있는 나라보다 갈 수 없는 나라가 더 많다. 특히 잃어버린 한 영혼이 있는 곳에는 더더욱 갈 수 없다. 하지만 이슬람권이나 북한에서도 중국인은 언제든지 환영을 받는다. 그래서 나는 자랑스러운 대한민국 여권을 가지고 중국을 발판 삼아 1년 365일 끊임없이 움직이는 사역을 하고 있다.

선교사로 파송받은 후 만 6년 동안 전 세계 30여 개국을 다녔다. 동쪽으로 미국 뉴욕에서 서쪽으로 이스라엘 예루살렘까지, 여러 지역을 돌아다니면서 한 숙소에 열흘 이상 연속으로 머무른 적이 없다. 길게 있어야 열흘이다.

사람들은 단기선교나 출장, 가족 여행으로 일주일만 해외에 나갔다가 와도 "역시 집이 최고다"라고 한다. 무슨 이유로든 집을 떠나게 되면 긴장을 많이 하기 때문이다.

'저 사람이 내 말을 알아듣고 있나? 비행기를 놓치지는 않을까? 제시간에 도착할 수 있을까? 바가지를 쓰지는 않을까? 혹 강도를 당하지 않을까?'

타지에서 이런 긴장 속에 있다가 익숙하고 편안한 곳으로 돌아오니 "집이 최고"라는 말이 나올 수밖에 없다.

나는 지난 6년 동안 그런 긴장 속에서 살았고, 지금도 그렇다. 3년 전 일본 생활을 정리하고 한국에 오신 부모님 댁도 나에게는 정거장일 뿐이다. 사역을 마치고 하루가 저물면 밤에 머무는 그곳이 내 집이다. 사무실도 없다. 가지고 다니는 가방이 내 사무실이고, 어디라도 잠시 앉으면 거기가 사무실이 된다. 처음에는 이런 삶이 힘들었다. 그래서 주님이 오시는 날이 무척 기다려진다. 그날이 오면 더는 짐을 싸지 않아도 되니까….

끝까지 견뎌라

베이징에서 출발하여 중국 서쪽의 국경도시인 타슈쿠르간(Tashkurghan)까지 가려면, 우선 기차를 타고 시안(西安)까지 12시간을 달려야 한다. 시안에서 기차를 갈아타고 란저우(蘭州)까지 8시간, 란저우에서 신장자치구 우루무치(烏魯木齊)까지 24시간, 우루무치에서 카슈가르(喀什噶爾)까지 21시간을 달리고, 카슈가르에서 타슈쿠르간까지는 버스를 타고 8시간을 올라가야 한다. 해발 5000미터에 위치한 타슈쿠르간에 올라서면 중국과 파키스탄, 아프가니스탄, 타지키스탄이 펼쳐진다.

카슈가르에서는 하루에 세 번, 45인승 버스가 타슈쿠르간을 향해 출발한다. 버스를 이용하는 사람들은 대부분 이슬람 상인들과 선교사들이다. 한번은 이런 일이 있었다. 우리 팀을 제외한 대부분이 타지키스탄, 아프가니스탄, 파키스탄 사람들이었다. 혹시 이들 중에 누군가 폭탄 조끼를 입은 것은 아닐까 긴장하며 버스에 올랐다.

한참을 올라가는데 해발 4300미터쯤 되자 옆에 있는 사람이 헉헉대기 시작했다. 얼굴이 하얘지기에 멀미하나 싶어 옆으로 좀 피했다. 조금 지나니까 그 사람 얼굴이 새파래졌다. 4700미터쯤 올라가니 나도 머리가 터질 것같이 아파서 가만히 있는데, 조용하던 버스 안에서 '찌지직' 하며 무언가 찢어지는 소리가 들렸다. 둘러보니 옆자리 사람의 입술이 찢어지면서 피가 나오고 있었다. 고도가 높아지면서 혈액이 팽창한 탓이었다.

그렇게 해발 5000미터에 도착하면 파키스탄 국경이 나오고 파키스탄에서 이란으로, 이란에서 이라크로, 이라크에서 예루살렘까지 그 길은 이어진다. 이 길이 실크로드(Silk Road, 비단길)다.

실크로드를 가다보면 세계에서 두 번째로 큰 사막인 타클라마칸 사막을 지나게 된다. 이 사막은 한겨울에는 기온이 영하 45도까지 내려간다. 여름에는 냉방이라도 된다지만 한겨울에는 난방도 소용이 없다. 그래서 기차 안에서 잘 때면 내복 위에 또 내복을 입고, 그 위에 청바지와 털바지를 입는다. 상의는 반소매 위에 긴팔 옷을 입고 스웨터, 후드 티까지 껴입고 점퍼를 입는다. 그리고 장갑을 끼고, 모자를 쓰고, 양말을 두 켤레나 신고 부츠를 신는다. 그래도 추워서 이불을 둘러쓰고 3일 길을 간다.

그렇게 긴 이동을 할 때는 기차나 버스에서 자고, 역 대합실에서 새우잠을 자기 일쑤였다. 몇 차례 그렇게 돌아다니면서 무리한 탓인지 몸의 여기저기가 아파왔다. 특히 왼쪽 발바닥이 땅을 디딜 때마다 송곳으로 찌르는 것 같은 통증을 느꼈다. 하지만 다른 방법이 없어 그 다리를 끌고 사역지를 돌았다. 수염도 그냥 길었다.

한번은 선교 여행을 마치고 덜덜 떨면서 베이징 집에 왔는데 내게 따뜻한 물 한 잔을 갖다줄 사람이 없었다. 물을 끓이려고 하는데 가스 불이 켜지지 않았다. 전기요를 켜려고 보니까 전원이 들어오지 않았다. 오래 집을 비워 전기와 가스가 끊어진 것이었다. 나는 가방을 던져놓고 옷을 입은 채로 침대에 쓰러졌다. 한참을 자다 몸이 쑤셔서 눈을 떴다.

'하나님, 정말 힘들어요.'

그때 주님이 말씀하셨다.

'괜찮다. 나만 따라와라. 내가 너를 지켜주겠다.'

위로하시는 말씀에 눈물이 났다. 하지만 통증은 여전했다. 한번은 견딜 수 없이 고통스러워서 하나님께 투정 섞인 기도를 했다.

'하나님, 저 정말 많이 힘들다고요!'

주님은 내게 말씀으로 응답하셨다.

만일 네가 보행자와 함께 달려도 피곤하면 어찌 능히 말과 경주하겠느냐 네가 평안한 땅에서는 무사하려니와 요단 강 물이 넘칠 때에는 어찌하겠느냐 렘 12:5

'걷는 게 힘들다면 어떻게 뛰는 말과 경주할 수 있겠니? 지금 이거 가지고 힘들다고 하면 장차 환난의 강물이 넘칠 때는 어떡할래?'

그날 이후로 하나님께 약속했다.

"하나님, 제가 오늘부터 주님을 뵙는 그날까지 '힘듭니다, 어렵습니다, 지쳤습니다'라는 말은 하지 않겠습니다."

오늘날 그리스도인들에게 생긴 안 좋은 버릇이 있다. 세상에서 자기가 제일 불쌍한 사람인 줄 아는 것이다. 그래서 회개할 때도 죄를 지은 내 모습이 불쌍해서 울지, 주님의 마음을 아프게 한 것이 슬퍼서 우는 일은 별로 없다.

'하나님, 제가 연약해서 이럴 수밖에 없었어요. 저를 불쌍히 여겨주세요.'

이런 말을 하느라 바쁘다. 그래서 신앙생활한 지 10년, 20년이 지나도, 아무리 회개를 해도 삶이 바뀌지 않는다. 세계 역사상 가장 넓은 땅을 정복한 몽골 제국의 창립자인 칭기즈칸은 다음과 같은 말을 남겼다.

"집안을 탓하지 말라. 나는 아홉 살 때 아버지를 잃고 마을에서 쫓겨났다. 가난하다고 말하지 말라. 나는 들쥐를 잡아먹으며 연명했고, 목숨을 건 전쟁이 내 직업이었고, 내 일이었다. 작은 나라에서 태어났다고 말하지 말라. 내게는 그림자 말고는 친구가 없었고, 병사는 10만 명, 백성은 어린아이와 노인까지 합쳐 200만 명도 되지 않았다. 배운 게 없고, 힘이 없다고 탓하지 말라. 나는 내 이름도 쓸 줄 몰랐으나 남의 말에 귀를 기울이면서 현명해지는 법을 배웠다. 막막하다고, 그래서 포기해야겠다고 말하지 말라. 나는 목에 칼(枷)을 쓰고도 탈출했고, 뺨에 화살을 맞고 죽었으나 살아나기도 했다. 적은 밖에 있는 것이 아니라 내 안에 있다. 나는 내게 거추장스러운 것은 깡그리 쓸어버렸다. 나를 극복하는 순간 나는 칭기즈칸이 되었다."

세상의 정복자도 이런 정도의 고백을 한다. 하물며 이 땅의 마지막 주자로 선 주님의 군사들이 이 정도 고백을 못하겠는가! 나보다 불쌍한 사람들은 얼마든지 있다. 우리는 더 강해져야 한다. 주님의 나라를 위해서 어떤 고통과 아픔이 와도 견뎌내야 한다. 지금 이렇게 고백해보라.

"하나님, 나는 끝까지 견뎌내겠습니다!"

나의 아버지

지금까지 나의 삶은 10년 단위로 크게 네 시기로 나눌 수 있다. 태어나서 10년은 한국, 그 다음 10년은 일본, 이어 미국에서 10년을 살다가 선교사로 파송받고 세계를 돌아다닌 지 7년이나 되었다.

나는 열 살때까지 한국에 살면서 참 행복했다. 비록 아버지는 일본에 계셨지만 이모와 삼촌들 그리고 외할머니의 사랑을 많이 받고 자랐다. 아버지는 일본에 계시면서 자주 나를 보러 금요일에 오셨다가 월요일에 돌아가셨다. 아버지는 한국말을 못 하시고, 나는 한국말만 하니 대화가 안 됐다. 부자간의 소통은 몸짓으로 했다. 아버지가 내게 "아이스크림 다베루?(아이스크림 먹을래?)" 하면서 아이스크림을 먹는 시늉을 하면 나는 대충 알아듣고 "네네" 하는 식이었다.

말이 안 통하니까 아버지가 어떤 분인지 겉모습만 보고 판단할 수밖에 없었다. 아버지는 키가 181센티미터에 몸무게가 105킬로그램으로 온몸이 근육질이었다. 얼굴은 구리빛으로 약간 까맣고, 짧은 스포츠머리에, 항상 줄무늬 양복을 입고, 짙은 선글라스를 쓰고, 검은색 벤츠를 타고 다니셨다.

아주 어렸을 때는 이 정도만 아버지를 알고 있어도 큰 문제가 없었다. 그런데 초등학교 1학년이 되니까 문제가 생기기 시작했다. 학교에서 선생님이 아버지가 뭘 하시는지 발표를 하라고 했다. 친구들은 자신 있게 발표를 했다.

"우리 아버지는 경찰관입니다."

"우리 아빠는 공무원이에요."

드디어 내 차례가 되었다. 뭐라고 얘기할까 고민하다 나는 내가 아는 대로 말했다.

"우리 아버지는 키가 181센티미터시고요…."

그랬더니 선생님이 혼을 내셨다.

"넌 아버지가 뭐 하시는 분인지도 몰라?"

내가 잠깐 일본에 갔을 때 아버지가 집에 오셔서 양복을 벗으시는데 옆구리에 권총이 꽂혀 있었던 것이 기억 났다. 그때 한국에서 유행하던 텔레비전 프로그램 중에 〈FBI〉라는 게 있었는데, 옆구리에 권총을 꽂고 있는 사람들이 많이 나왔다.

내가 자신있게 말했다.

"우리 아버지는 FBI입니다."

거짓말한다고 선생님께 혼이 났을 뿐 아니라 아이들한테도 놀림을 당했다.

"니네 아빠가 무슨 FBI냐? 거짓말쟁이!"

아버지가 무슨 일을 하시는지 정확히 알게 된 것은 중학교 1학년 때였다. 그때는 일본에서 부모님과 함께 살고 있었고, 아버지와 일본어로 대화가 가능했기 때문에 아버지로부터 직접 들을 수 있었다. 아버지는 '야쿠자(Japanese Mafia)'였다. 물론 당시는 아버지가 큰 희생을 치르고 조직에서 나오셨을 때였다.

아버지가 소속된 조직은 전성기에 조직원이 20만 명에 달한다고 소문이 난 일본 최대의 폭력 조직이었다. 조직이 크다 보니 일본 전역에 80여 개의 지부로 나눠져서 활동하는데 이 지부별 리더들이 '젊은 기둥'이라는 뜻의 '와카가시라(若頭)'라고 불렀다. 아버지는 그 한 지부의 젊은 기둥이셨다.

고위급 야쿠자들은 몸에 문신도 없고, 보통 사람들과 똑같이 생활하니까 겉으로 봐서는 전혀 알 수가 없는데 아버지도 그랬다. 어머니는 아버지가 재일교포 사업가인줄 알고 결혼하셨다가 나중에 야쿠자인 것을 알게 되셨다. 사람은 물론이고, 하나님도 두려워하지 않는 아버지를 위해 어머니는 눈물로 기도하셨다. 어릴 적 내 소원은 내가 힘을 키워서 그토록 어머니를 울게 하는 아버지를 내 손으로 물리치고 집을 나가는 거였다. 하지만 그렇게 하면 어머니만 집에 혼자 남게 될 것이 걱정되어 실행하지는 못했다.

수백 통의 편지

어머니는 3대째 기독교 집안에서 태어나 자라셨고, 그런 어머니로 인해 나는 어렸을 때부터 교회에서 크다시피 했다. 어머니는 밤에 기도하러 교회에 가시곤 하셨는데, 밤길이 어두워 무서워하실 때는 아들인 내가 따라가기도 했다. 우리는 밤 열한 시 반쯤 집에서 교회로 출발했다. 상가 2층에 있는 개척교회였는데 한겨울에 문을 열고 캄캄한 교회에 들어가면 어머니는 나를 앞자리에다 눕히고 담요로 감싸주셨다.

"여기서 자. 엄마는 기도할게."

어머니는 이불을 뒤집어쓰고 강대상을 바라보며 기도를 시작하셨다. 한두 시간 기도하는 게 아니라 12시부터 새벽 5시까지 밤새도록 하셨다. 어머니의 기도제목은 크게 두 가지였는데 물론 첫 번째는 아버지였다.

"하나님, 하나님을 모르는 남편이 언젠가 주님 앞에 고꾸라지게 해주시고, 복음을 알게 해주시고, 장로로 세워주세요. 그리고 기름

부어주시사 일본 땅에 교회를 개척해서 불쌍한 사람들을 돕게 해주시고, 하루를 말씀과 기도로 시작해서 말씀과 기도로 마치는 노후를 맞이할 수 있도록 해주세요."

어머니는 마치 그림을 그리듯 구체적으로 기도하셨다. 그러나 '하나님도 그런 기도는 안 들어주신다'라며 좀 더 현실적인 기도를 하라고 충고하는 사람도 있었다.

어머니의 두 번째 기도제목은 자식들이었다.

"하나님, 제게는 아들과 딸이 있습니다. 이들에게 은혜를 베풀어주시고 하나님께서 받아주시기만 한다면 하나님의 종으로 드리겠습니다."

어머니는 참으로 간절하고 끈질기게 기도하셨다.

내가 여섯 살 무렵으로 생각되는데 매주 오시던 아버지께서 1년 넘게 오지 않으셨다. 나는 어머니를 힘들게 하는 아버지가 밉기도 했지만 한편으로 아들로서 아버지를 좋아했고, 아버지께 사랑받고 싶은 마음이 있었다.

"엄마, 아빠는 어디 있어요? 언제 와요?"

"사업이 바빠서 그래…."

뭔가 분위기가 이상했지만 그런 줄 알았다가 후에 내가 일본에 가서 아버지께 물어봤을 때 진짜 이유를 알게 되었다. 아버지는 그 기간 동안 구치소에서 재판을 받고 계셨다.

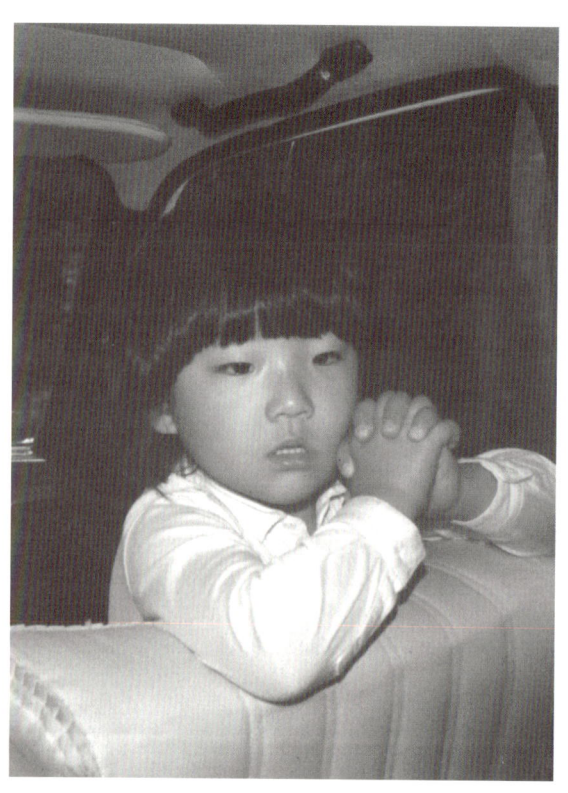

"하나님, 아빠가 이 편지를 보고
예수님을 믿게 해주세요."

어머니는 그 당시 매일 밤 아버지께 편지를 쓰셨는데, 일본어가 서툴러 사전을 찾으면서 쓰느라 몇 번씩 고쳐 쓰시곤 했다. 편지 내용은 대략 이러했다.

"하나님은 당신을 사랑합니다. 돌아오시기만 하면 됩니다. 새로운 삶이 당신을 기다리고 있습니다. 우리, 새롭게 시작합시다. 하나님께서 새로운 것을 우리에게 허락하실 것입니다."

가족들의 안부나 아버지에 대한 염려가 아니라 거의 모든 내용이 복음이었다. 우리 집 주변에도 우체국이 있었지만, 어머니는 정확하게 보내야 한다고 버스를 몇 번이나 갈아타고, 서울 명동에 있는 중앙우체국에 가서 속달로 보냈다. 나는 어머니와 함께 일주일에 서너 번씩 우체국에 갔다. 도착하면 어머니가 내게 편지를 건네면서 말씀하셨다.

"자, 기도해."

어린 나는 편지를 들고 기도했다.

"하나님, 이거 아빠에게 잘 들어가게 해주세요. 아빠가 이 편지를 보고 예수님을 믿게 해주세요."

기도를 마치면 어머니가 우체통을 열어주셨고, 내가 편지를 넣었다(수백 통의 편지가 아버지께 갔고, 지금도 아버지의 옷장 속 상자에 그 편지들이 쌓여 있다).

죄인에게 임한 은혜

한편, 아버지는 일본에서 구치소 생활을 하고 계셨다. 같은 파 야쿠자는 아버지가 석방되기를 기다리고 있었고, 원수지간인 다른 파는 아버지가 나오면 죽이려고 했고, 형사들은 어떻게든 구치소 생활을 연장시키려고 애쓰는 상황이었다. 그리고 아버지의 삶은 구체적으로 변한 것이 없었다.

그러던 어느 날, 아버지는 어머니가 보낸 편지를 읽다가 갑자기 복음이 깨달아지는 체험을 하셨다.

'왜 나를 사랑하십니까?'

그전까지는 '하나님이 진짜 계실까?' 하는 의문이 있었는데, 그 날은 하나님이 계시다는 건 어느새 믿어지고, '하나님, 왜 나 같은 죄인을 용서하십니까?'라는 생각이 들었다고 한다. 아버지는 가슴을 치기 시작했고, 그날 주님을 뜨겁게 경험하게 되었다.

아버지는 자신이 죄인이라는 생각이 들자, 하나님 앞에 옷을 입고 있는 것도 죄송했다고 한다.

"나 같은 죄인은 옷을 입을만한 자격이 없습니다."

그래서 옷을 다 벗고, 무릎을 꿇고 기도하려는데 '나 같은 죄인은 무릎 꿇을 자격도 없다'는 생각이 들어 밤새도록 서 있었다고 한다. 하룻밤 동안 그렇게 주님을 경험하고, 다음 날 새벽 아버지의 입에서 한 가지 고백이 터져나왔다.

"주님, 제가 많이 용서받았으니 많이 사랑해드리겠습니다!"

아버지의 고백은 '내가 하나님을 전혀 모를 때 거저 용서받고, 하나님과 원수되었을 때 거저 사랑받았으니 이 사랑과 은혜를 조금이나마 깨달아가는 만큼 사랑해드릴게요'라는 의미였다.

이후 아버지는 어머니의 기도대로 장로님이 되셨다. 아버지께서 장로로 임직하시던 날, 고등학교 2학년이던 나는 펑펑 울었다. 사람들은 '아버지가 장로가 되는데 왜 아들이 저렇게 우나' 하며 신기한 눈으로 바라보았지만, 우리 가족에게 베푸신 하나님의 은혜와 사랑을 생각할 때 나는 눈물을 흘리지 않을 수 없었다.

그후 아버지는 일본 후쿠오카(福岡)에서 개척교회를 하셨고, 은퇴하신 지금도 하루를 기도와 말씀으로 시작해서 기도와 말씀으로 끝마치신다. 그리고 나는 선교사, 목사가 되었고, 여동생은 나와 같은 신학대학원을 졸업하고 전도사로 사역하다 현재는 풀러신학교에서 설교학 박사과정을 공부하고 있다. 어머니의 기도가 모두 구체적으로 응답된 것이다.

가정에서 받은 훈련

아버지는 굉장히 절도 있고 예절과 예식(例式)을 잘 지키시는 분이었다. 내가 일본으로 가서 아버지와 함께 살게 되면서 아버지는 세심하게 나를 가르치기 시작하셨다. 말 한마디 실수하면 생명으로 책임을 져야 되는 것이 야쿠자 사회다. 아버지는 그런 사회에서 30년 이상 생활하셨고 높은 자리까지 가신 분이었다. 그러니 몸에 밴 예절과 예식을 자연스럽게 아들인 나에게도 전수하셨다.

예를 들어서 토요일 아침같이, 모처럼 쉬는 날 자고 있을 때 아버지께 전화가 걸려오면 벨소리에 깨어 겨우 전화를 받는다.

"여보세요?"

잠에서 덜 깬 내 목소리를 들은 아버지는 말씀하신다.

"똑바로 앉아서 받아."

나는 벌떡 일어나서 무릎을 꿇고 앉는다.

"하이! 모시모시!"

"자는 것은 너의 입장이다. 네 목소리로 다른 사람에게 불쾌감을 줄 필요가 없다. 자는 목소리로 전화 받지마."

하루에 세 번 아버지와 함께 밥을 먹는 시간은 곤욕이었다. 성장기에 얼마나 배가 고프고 많이 먹는가. 내가 급하게 마구 먹고 있으면 아버지께서 한마디 하신다.

"스톱."

그리고 거울을 가져와 내 옆에다 탁 올려놓으신다.

"거울 봐. 뭐가 잘못됐어?"

"허리가 구부러졌습니다."

"똑바로 앉아."

"네."

반찬 그릇에 젓가락을 넣는 순간 어디선가 젓가락이 날아온다.

"네 입에 댄 젓가락을 어디다 꽂냐. 젓가락이 더 없으면 쓰던 젓가락을 돌려서 반찬을 가지고 오는 거야."

작은 목소리도 경고였다.

"안 들려."

"네?"

"너, 배려가 뭔지 아니? 듣는 사람이 애를 써서 노력하지 않아도 네가 하는 말이 그 사람 귀에 편안하게 들리도록 하는 게 배려야."

아버지께는 어떤 변명도 통하지 않았다.

"아버지, 저는 그런 뜻이 아니었어요."

"변명이야."

지금 생각하면 그때 선교사 훈련을 다 마친 것 같다. 선교지로 다니면서 많은 분들께 큰 은혜를 입고 있다. 숙소를 사용하게 해주시는 경우, 떨어진 머리카락을 줍는 것은 기본이고 웬만한 곳에서는 내가 사용한 이불까지 빨아놓고 나온다.

어릴 때는 그런 아버지의 교육 방식 때문에 마음속에서 뭔가가 치밀어오르곤 했다. 그러나 무서워서 한 번도 대든 적은 없다. 지금은 아버지의 나를 향한 사랑을 알기에 그 누구보다 아버지를 존경하고 사랑한다.

아버지는 나를 위해서 가장 많이 기도해주시는 분이기도 하다. 내가 집회에 가는 날이면 늘 전화를 하신다.

"기도 시작할게."

나도 집회를 마치면 아버지께 꼭 전화를 드린다.

"집회 잘 마쳤습니다."

아버지는 그제야 기도를 쉬신다. 간혹 수도권으로 집회를 가게 되면 아버지가 운전을 해주시기도 한다. 한번은 연세가 많으신 아버지가 운전하고 젊은 내가 옆에 앉아 있으니 영 불편해서 말했다.

"아버지, 그림이 안 좋은데 제가 운전할게요."

"아니다. 집회 가다가 혹시 사고라도 나면 너는 택시 타고 가면 그만이다. 나만 여기 남으면 돼."

지금 내가 제일 존경하는 분은 우리 아버지시다.

33퍼센트 인간

나는 늘 나 자신이 33퍼센트 인간이라고 생각하며 컸다. 한국에서 겨우 '슬기로운 생활', '바른 생활'을 배우고, 일본어는 한 마디도 모르고 일본으로 전학을 갔는데, 설상가상 영어로만 수업하는 국제학교에 가게 되었다. 한국어, 영어, 일본어 중 어느 것 하나 세

대로 하지 못했다. 학교에서 아이들이 '바보'라고 놀리는 말도 못 알아들었다.

국제학교에 가는 첫날, 나와 여동생을 학교에 데려다주시며 아버지도 답답하셨는지 우리에게 당부하셨다.

"아빠가 마음이 아파서 그러는데 너희들은 딱 한 마디만 해라. 학교에서 뭐 물어보는데 못 알아듣잖아? 그럼 이 말만 해. 아이 돈 노우(I don't know)."

그때 마침 차의 창문을 통해 들어오는 바람 소리에 나는 아버지의 말씀을 정확하게 듣지 못했다. 나는 '유 돈 노우(You don't know)'라고 잘못 듣고 기억을 했다. 다행히 학교에 입학한 지 일주일 만에 방학을 맞았고, 나와 여동생은 방학 때 잠시 한국으로 가게 됐다. 둘이 공항에 가서 서 있는데 학교 선생님을 만났다. 선생님은 우연히 만난 우리가 반가운지 인사를 했다.

"Oh, you are a new student(새로운 학생이구나). So where are you going?(어디 가니?)"

대충 알아듣고 "코리아"라고 하니까 그 다음 질문을 던지셨는데 무슨 말인지 알 수 없어서 아버지께 배운 대로 말했다.

"You don't know(당신은 몰라요)."

"Of course, I don't know(그래 난 당연히 모르지). What airline are you taking?(어느 항공사 비행기를 타니?)"

"You don't know."

이렇게 도저히 대화가 안 되는 상황이었다.

그 시절 교회에 가면 유창하게 기도하는 분들이 제일 부러웠다. 나는 기도하려고 하면 말이 안 나왔다. 무슨 말로 기도해야 할지 몰라서 가슴을 치면서 부르짖었다.

"하나님, 전 한국말도 잘 못하고, 영어도 못하고, 일본말도 못하는 바보입니다."

한국인 앞에서도, 일본인 앞에서도, 미국인 앞에서도 늘 눌릴 수밖에 없었다. 학교만 갔다 오면 울면서 엄마에게 말했다.

"엄마, 저 학교 가기 싫어요."

그때 어머니가 해주신 말이 있다.

"하나님께는 실수가 없단다. 언젠가 너를 부르신 하나님께서 너를 완성시킬 때 네가 일본어로 설교하는 날이 올 거야. 너를 부르신 하나님께서 그 부르심에 합당한 자로 너를 완성시킬 때 네가 영어로 설교하는 날이 올 거야. 네가 우리말로 많은 영혼들을 건지는 날이 올 거야. 지금은 막막하지만 그날이 반드시 올 테니 조금만 기다려라."

그때부터 우리 집에서 사용하면 안 되는 한 가지 표현이 생겼다.

"아휴, 또 하루가 지나갔네."

이 말을 했다간 어머니에게 혼이 났다.

"하루는 지나가는 게 아니야. 잘 살든, 못 살든 그 하루는 하나님 앞에서 쌓이는 거란다."

영어를 한 마디도 못하고, 일본어도 제대로 못하고, 한국어도 초등학교 3학년 수준이었지만 그래도 열심히 학교에 갔다. 그리고 나는 생각했다.

'하루하루는 하나님 앞에서 쌓이는 것이니까. 왼발이 나가면 다음에 오른발이 나가고 왼발, 오른발, 왼발, 오른발…. 그렇게 한 걸음씩 가다가 가끔 넘어지면 다시 일어나서 가면 돼.'

그렇게 걷다보니 나 자신도 모르는 사이에 하나님의 부르심을 입게 되었고, 지금은 전 세계 흩어져 있는 한국인들에게는 한국어로, 영어권 나라에 가서는 영어로, 일본에 가서는 일본어로 설교를 하며 300퍼센트의 삶을 살고 있는 나를 발견하게 된다.

하나님의 사랑 위에 세운 삶

내가 미국 시카고에서 전도사로 사역할 때 가르쳤던 남학생이 하나 있다. 중학교 1학년 때부터 고등학교 3학년 때까지 담당 전도사였다. 그 학생은 졸업하고 미국에서 알아주는 어느 유명한 대학에 들어갔다. 하버드, 예일, 프린스턴 대학에 들어가는 학생들이 거기에 못 가는 경우도 많을 정도로 최고의 대학 중 한 곳이다. 게다가 이 친구는 의대에 합격했으니 교회에서 난리가 났다.

"얘는 인생 성공했다. 이제는 걱정이 없다."

9월 1일 입학을 한 후 그 학생에 대해서 잊고 있었다. 똑똑한 아이이니 잘하고 있을 거라고 생각했다. 그로부터 두 달쯤 지난 10월 말, 새벽 한 시에 전화벨이 울렸다.

"큰일 났어요!"

여학생 목소리여서 누구냐고 물으니 그 아이의 여자 친구라고 했다.

"제가 오늘 남자 친구한테 헤어지자고 했는데…"

여자아이가 헤어지자고 한 말에 남자아이가 충격을 받고, 미시간 호수(Lake Michigan) 속으로 새벽 한 시에 자살한다고 뛰어들어갔다는 것이다. 시카고는 한겨울 날씨가 영하 30도까지 내려간다. 10월이면 이미 눈이 내리고, 호수가 얼기 시작한다. 게다가 미시간 호수는 끝에서 끝이 안 보일 정도로 엄청나게 크다.

"전화 끊어. 금방 갈게."

나는 서둘러 점퍼를 입고 나와 차의 시동을 걸고 달렸다. 지프차라서 고속도로에서도 130킬로미터 이상 속도가 나질 않아서 막 밟고 달리다가 결국 경찰에 잡혔다.

"왜 이렇게 빨리 가십니까?"

"우리 아이가 지금 호수에 빠졌단 말이에요. 가서 구해야 돼요.

자살한다고 뛰어들었어요. 도와주세요."

"그럼 우리가 앞서 갈테니 뒤따라오세요."

터보 엔진을 장착한 경찰차는 바람처럼 달렸다. 나는 뒤따라가면서 간절히 기도했다.

'하나님, 제발 부탁입니다. 누구를 보내서라도 아이를 호수에서 건져주세요.'

도착해서 달려가 보니 그 아이가 호숫가 옆 바위 위에 쓰러져 있었다.

"할렐루야! 감사합니다."

주님께 감사를 드리고 아이를 깨웠다.

"야, 이놈아! 어떻게 나왔어? 누가 구해줬니?"

아이는 나를 보면서 말했다.

"너무… 추워서… 나왔어요."

경찰한테 끌고 가라고 할 수도 없고, 기가 막혔다.

이건 누구 잘못인가? 헤어지자고 한 여자 친구 잘못인가? 아니다. 이별 선언을 상처로 받을 수밖에 없는 본인의 연약함 때문이다. 군대 간 사이에 여자 친구가 다른 남자하고 바람 피웠다고 다들 자는 내무반에 들어가서 마구잡이로 총을 쏘는 건 누구 잘못인가? 대학교 떨어졌다고 목을 매는 것은 누구 잘못인가? 여자 친구 잘못도, 사회의 잘못도, 학교 잘못도 아니다. 모든 경우라고 단정할 순

없지만 대부분은 그것을 상처로 받을 수밖에 없는 본인의 연약함이 가장 큰 잘못이다. 이런 사람들의 연약함의 원인은 단순하다. 내 생각과 관심과 내가 인정받기를 원하는 그 대상이 여자 친구이거나 사회이기 때문에 그렇다.

예수님께서는 두 종류의 사람을 말씀하신다. 지혜로운 사람과 어리석은 사람이다. 지혜로운 사람은 반석 위에 집을 짓고, 어리석은 사람은 모래 위에 짓는다. 겉으로 보기에는 똑같다. 하지만 비가 내리고, 폭풍이 불고, 홍수가 날 때 반석 위에 세운 집은 요동치 않지만, 모래 위에 세운 집은 무너져내림이 심하다(마 7:24-27 참조). 그 기초가 달랐기 때문이다.

당신의 인생을 어디에 쌓길 원하는가? 학업, 직장, 가정, 애인…. 어제 있었다가 오늘 없어질 수 있는 것에 쌓는다면 어떻게 될까? 내 앞에서 그것이 무너져내리는 순간, 내 인생도 무너져내린다. 내가 원하는 대학교에다 모든 인생의 기준을 걸었는데 그 대학에 못 들어가면 그 인생은 끝나는 것이다. 내가 그토록 사랑하는 내 가정에 모든 것을 걸었는데 그 가정이 산산조각 나는 날, 내 인생을 지탱해주는 힘 자체가 없어진다.

그러나 어제나 오늘이나 내일도 변하지 않는 한 가지가 있다. 바로 하나님의 사랑이다.

내가 확신하노니 사망이나 생명이나 천사들이나 권세자들이나 현재 일이나 장래 일이나 능력이나 높음이나 깊음이나 다른 어떤 피조물이라도 우리를 우리 주 그리스도 예수 안에 있는 하나님의 사랑에서 끊을 수 없으리라 롬 8:38,39

내 부모는 나를 버렸으나 여호와는 나를 영접하시리이다 시 27:10

이러한 하나님의 사랑 위에 당신의 삶을 세운다면 어떻게 될까? 내 눈앞에서 가정이 산산조각날지언정 힘들지만 견딜만하다. 내가 원하는 대학에 못 들어가도, 합격을 기대했던 시험이나 취직을 바라던 직장의 문이 열리지 않아도 힘들지만 견딜만하다.

성경은 우리가 사방으로 욱여쌈을 당하지만 움추러들지 않고, 답답한 일을 당해도 낙심하지 않고, 박해를 받아도 버림받지 않고, 거꾸러뜨림을 당해도 망하지 않는다고 선언하고 있다(고후 4:8,9 참조). 예수님의 기초 위에 삶을 세운 사람이기 때문이다. 이런 자는 세상이 감당치 못한다.

하나님께서는
우리에게 소중하고
값진 인생을 살 수 있는
방법을 가르쳐주신다.
그것은 바로
하나님의 영광을 위해서
사는 것이다.

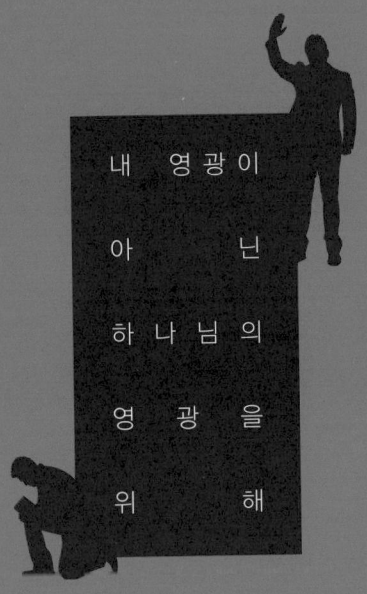

내 영광이 아닌 하나님의 영광을 위해

2
CHAPTER

세 상 이

감 당 치 못 할

믿음의 사람

내 영광이 아닌
하나님의 영광을 위해

인생의 목적

　사관학교 1학년 때 민간인 사회에서 들리는 소문이 있었다. 초록색 간판의 커피숍이 오픈을 했는데 이제까지 먹어보지 못한 희한한 커피를 만들어낸다는 것이었다. 대체 어떤 커피인가 궁금해하다가 휴가를 받고서 찾아갔다. 그것이 나와 스타벅스의 첫 만남이었다. 두근거리는 마음으로 문을 열었다. 그런데 커피를 주문하려고 메뉴판을 보는 순간 내 마음은 시험에 들었다. 도무지 이해가 가지 않았다. 가만히 보고 있으니까 주문을 받는 아가씨가 물었다.

　"손님, 뭐 드실래요?"

　"모르겠습니다. 뭐가 뭔지…."

점원이 웃으며 말했다.

"제가 도와드릴게요."

도와주면 될 줄 알았는데 전혀 도움이 되지 않았다.

"손님, 에스프레소를 드실래요? 프라프치노를 드실래요? 오늘의 커피도 있고요. 아니면 에스프레소 콘파나, 라떼, 카푸치노, 마키아또, 아메리카노도 있습니다. 어떤 걸 드시겠어요?"

나의 당황스런 얼굴을 본 아가씨는 그제야 답을 내놓았다.

"오늘 처음 오신 것 같군요. 라떼를 드시는 게 좋을 것 같습니다."

"라떼가 뭔지 몰라도 그거 주세요. 얼마에요?"

나는 가격을 물었는데 그 아가씨는 다시 질문을 던졌다.

"손님, 우유는 어떤 종류를 원하십니까?"

나는 그때까지 우유에 종류가 있는지 몰랐다. 초코 우유, 바나나 우유, 딸기 우유가 아니었다. 저지방, 무지방, 보통 우유 중에 뭘 고르겠냐는 것이었다.

"무지방 우유 주세요. 얼마에요?"

아가씨가 또 물었다.

"어떤 사이즈를 원하세요?"

"예?"

"그란데, 톨, 쇼트 중에서요."

"큰 거 주세요. 얼마에요?"

"뜨거운 거 드실래요? 차가운 거 드실래요?"

"차가운 거 주세요."

이제는 진짜 끝인 줄 알았다. 그런데 그녀가 마지막 질문을 던졌다.

"드시고 가실래요? 가지고 가실래요?"

커피 한 잔을 사는 데도 이렇게 수많은 선택을 거치게 된다. 아무리 비싼 커피라도 선택한 결과가 내 입맛에 안 맞으면 버리면 그만이다. 하지만 우리의 삶은 그렇지 않다.

'한 번 사는 인생, 무엇을 위해 살 것인가?'

하나님께서는 우리에게 그 목적을 주셨다.

'네 인생의 목적은 하나님의 영광이다.'

내가 '하나님의 영광'이란 단어를 만난 것은 중학교 1학년 때였다. 당시 내가 다니던 교회에 전도를 위해 매년 한국에서 척추 교정사 한 분이 오셔서 의료 봉사를 하고 계셨다. 우리는 그 분을 '선교사님'이라고 불렀다. 그 분의 직업은 척추 교정사였지만 선교를 향한 뜨거운 마음을 가지고 계셨다. 그래서 1년의 십일조를 주님께 드리는 의미로 매년 40일 동안 선교지를 다니시며 복음을 전하고 교회를 세우고 돌보는 일을 하셨다.

하루는 그 분이 나에게 한 가지 제안을 하셨다.

"너, 나 따라서 선교 여행 갈래?"

"네, 갈래요."

이후 선교사님은 부모님과 그 일을 상의하셨고, 나는 선교사님과 함께 필리핀을 비롯해 4개국으로 40일간 선교 여행을 하게 되었다.

약속한 날짜가 되어서 나는 혼자 비행기를 타고 홍콩에 도착해서 선교사님과 합류했다. 내가 도착했을 때는 이미 밤 11시가 넘어가고 있었다. 선교사님이 말했다.

"야, 오늘은 늦었으니까 빨리 자."

한참 자고 있는데 고요함 속에서 한 목소리가 들렸다.

"일어나라."

나는 주님이 오셔서 나를 부르신 줄 알았다.

"주님, 제가 여기 있습니다."

"나야, 나. 성경책 가지고 내 앞으로 와."

한여름, 무덥고 습도가 높은 홍콩의 새벽이었다. 일어나서 선교사님 앞에 앉았다.

"이제 너하고 나하고 단 둘이다. 나는 바울이고, 넌 디모데야."

솔직히 그 말을 들었을 때 기분이 좀 나빴다.

'왜 내가 바울이 아닌가?'

스승이 바울이고, 제자가 디모데라는 건 나중에야 알았다. 선교사님이 계속 말했다.

"너에게 말씀 한 구절을 주겠다. 너는 이 말씀을 위해 살고, 이 말씀을 위해서 죽어라."

무슨 말씀일까 기대를 하고 있는데 선교사님이 말했다.

"고린도전서 10장 31절을 읽어봐라."

나는 성경책을 펴서 읽었다.

"그런즉 너희가 먹든지 마시든지 무엇을 하든지 다 하나님의 영광을 위하여 하라."

"외워."

당시는 이 말씀이 내 일평생을 뒤집어놓을 거라고는 생각지도 못했다. 이 말씀을 한글과 영어로 외우고 나서 선교사님과 둘이 예배를 드렸다. 예배를 마친 후에 선교사님은 말씀 묵상하는 방법을 가르쳐주겠다고 하셨다. 큐티하는 방법을 배우고 나서 시계를 보니까 아침 일곱 시 반이었다. 새벽 네 시에 일어나서 세 시간이 훌쩍 지나간 것이었다.

"아침밥 먹으러 가자."

선교사님과 둘이 홍콩식 아침 식사를 하러 갔다. 부모님은 선교 여행을 떠나기 전 선교사님께 한 가지 부탁을 했다.

"선교사님, 우리 아들이 중학교 1학년인데 철이 안 들었어요. 인간을 좀 만들어서 보내주세요. 그리고 편식이 심한데, 단단히 고쳐서 돌려보내주세요."

나는 그때까지 돼지고기를 먹지 않았고 소고기도 부위를 가려 먹을 정도로 편식이 심했다. 부모님은 내가 고생을 좀 해봐야 한다고 생각하셨던 거 같다. 나는 그런 이야기가 오갔는 줄은 전혀 몰랐다. 그렇게 선교사님을 따라 딤섬을 파는 식당에 가서 동그란 탁자에 앉았다. 아침부터 동네 사람들이 다 둘러앉아 밥을 먹는데 어찌나 시끄러운지 정신이 하나도 없었다. 잠시 후 식당 종업원이 카트 위에 여러 가지 음식을 싣고 다니는 것을 보고 선교사님이 말했다.

"네가 원하는 걸 골라봐."

딱 보니 먹을 만한 게 없었다. 다 징그럽게 보이는 중에 그나마 괜찮아 보이는 양념 덮밥 하나를 골랐다. 음식이 와서 뚜껑을 여니까 뜨거운 김이 나왔다. "후" 하고 부는 순간 덮밥의 정체가 밝히 드러났다. 양념된 재료는 닭발이었다. 나는 그때까지 닭발을 먹어본 적도, 실제로 본 적도 없었다. 도저히 못 먹겠다는 얼굴로 선교사님을 쳐다보았다. 그 분은 이미 내 마음을 아시고는 말씀하셨다.

"고린도전서 10장 31절 외워봐."

"그런즉 너희가 먹든지 마시든지 무엇을 하든지 다 하나님의 영광을 위하여 하라."

결국 나는 하나님의 영광을 위해 닭발을 다 먹었다. 그 후 선교사님을 쫓아다니면서 안 먹어본 음식이 없다. 원숭이 뇌를 숟가락으로 퍼먹기도 했다. 그중에서도 최악은 필리핀에서 먹은 '발룻(balut)'이다. 필리핀 원주민 마을에 갔더니 우리를 대접한다고 삶은 계란을 가지고 나왔다. 나는 정말 반가웠다.

'드디어 삶은 계란을 먹는구나.'

얼른 하나를 집어서 껍질을 까려고 땅에 두드렸다. 보통 계란을 치면 "탁탁" 소리가 나는데 이것은 "퍽퍽" 소리가 났다. 이상해서 껍질을 까보니 눈동자 하나가 나를 바라보고 있었다.

'대체 이게 뭐지?'

다 벗겨보니까 병아리가 들어앉아 있었다. 발룻은 필리핀의 대표적인 음식으로 부화 직전의 알을 삶은 것이었다. '이제 일주일이면 밖으로 나가는구나' 하고 있던 병아리를 끓는 물에 넣어버린 것이다. 나는 마음이 아팠다.

어쨌거나 나의 편식은 선교사님과 다니는 동안 완전히 고쳐졌다.

골방에서 만난 하나님

하루 종일 선교지를 돌아다니다 밤늦게 숙소로 돌아오면 선교사님은 입고 있던 옷을 벗어서 나에게 빨아오라고 했다. 빨래를 해서 걸어놓고 잠자리에 누우면 새벽 한 시다. 말이 잠자리지 푹신한 침대가 아니다. 선교사님은 척추 교정사라 자세를 중요하게 여겼다.

앉는 자세뿐 아니라 눕는 자세까지 신경을 썼다. 넓은 데서 눕게 되면 아무래도 옆으로 몸을 틀게 되고, 옆으로 뒹굴다보면 척추가 비뚤어지고, 척추가 비뚤어지면 신경이 마비되고, 신경이 마비되면 내장 기능이 나빠지니 똑바로 누워서 자라고 했다. 그래서 나는 교회 의자에서 잤다.

40일 여행 중에 30일쯤 지났을 때 결국 내 몸이 견디지 못하고 열병에 걸리고 말았다. 열이 40도가 넘고 먹은 것을 다 토했다. 5분 간격으로 화장실로 뛰어가다보니 탈수증이 일어났다. 몸에 수분이 없어서 머리가 터질 것처럼 아프고, 열은 계속 올라가는데 선교사님은 나를 간호해주시는 것이 아니라 "넌 여기 있어" 하고는 혼자 나갔다. 그때 필리핀 골방에서 열병과 씨름하면서 나는 간절히 하나님을 불렀다.

'헉헉헉, 하나님… 사람이 이렇게 죽네요.'

그리고 성경을 폈다. 혹시 말씀에서 광선이 나와서 나를 치유할지도 모른다고 생각했다. 그런데 어지러워서 말씀을 읽을 수가 없었다. 기도하려고 앉았는데 균형을 잡지 못하고 옆으로 쓰러지고, 무릎을 꿇고 앉으니 앞으로 고꾸라졌다. 천장이 빙빙 돌고 죽을 것만 같았다.

'이제 끝났구나.'

그때 주일학교에서 배운 내용이 생각이 났다.

'찬양은 곡조 있는 기도라고 했지.'
알고 있는 찬송가를 찾아 부르기 시작했다.

그 크신 하나님의 사랑 말로 다 형용 못하네.
저 높고 높은 별을 넘어 이 낮고 낮은 땅 위에
죄 범한 영혼 구하려 그 아들 보내사
화목제물 삼으시고 죄 용서하셨네.
하늘을 두루마리 삼고 바다를 먹물 삼아도
한없는 하나님의 사랑 다 기록할 수 없겠네.

이 찬양을 하는데 한 가지 의문이 떠올랐다.
'나는 인간으로서 똑같은 인간들이 사는 필리핀에 와서 열병에 걸려 힘들어하고 있는데, 하나님의 아들이라는 예수 그리스도는 어떤 동기와 목적이 있었기에 하늘 보좌 영광을 다 버리시고 이곳에 오셨을까?'
나는 물었다.
'주님, 왜 오셨어요?'
그날 주님께서 내 삶 속에 등장하셨다.
그때까지 내게 예수님은 모태신앙의 대상이었다. 어머니의 예수님, 목사님의 설교에 나오는 한 인물에 불과했다. 하지만 그날 예수님이 내게 오셔서 말씀하셨다.

'그 동기는 바로 너란다. 내가 너 때문에 이 세상에 왔고, 너를 위해 그 길을 갔고, 너를 위해 십자가에 달렸고, 죽었단다.'

처음으로 예수님의 사랑이 깨달아지면서 가슴이 터질 것 같았다. 세상에 태어나서 그렇게 운 건 처음이었다. 비명을 지르고 가슴을 치면서 울었다. 세 시간 동안 방 안을 뒹굴면서 울부짖었다.

"나를 그렇게 사랑하십니까? 나를 거기까지 사랑하셨습니까?"

그렇게 울다보니 나도 모르는 사이에 몸에 있는 힘이 다 빠지고, 어느새 잠이 들었다.

한참을 자고 있는데 밑에서 문을 두드리는 소리가 들렸다. 내려가 보니 선교사님이었다.

"잘 다녀오셨어요!"

선교사님이 들어오시고, 문을 닫고 보니 40도가 넘던 열이 완전히 내려가고 깨끗하게 치유받은 상태임을 깨달았다. 나도 모르는 사이에 입에서 고백이 터져나왔다.

"나를 동기 삼으신 예수님, 저도 주님을 나의 삶에 동기 삼기를 원합니다."

나의 하나님을 만나는 그 순간, 주님께 영광을 돌리는 삶이 시작되었다.

나를 만나주신 그 하나님께서 지금 당신에게 질문하신다.

'성공한 삶을 원하니? 의미있는 삶을 원하니? 그러면 나의 영광을 위해서 살아라.'

모든 존재하는 것에는 만들어진 목적이 있다. 예를 들어 내가 마이크를 하나 들고 있는데, 그게 좋은 마이크인지 나쁜 마이크인지 무엇을 가지고 판단할 수 있을까. 마이크를 가지고 못을 박는데 잘 안 박아진다면 나쁜 마이크인가? 아니다. 마이크가 좋은지 나쁜지를 가려내기 위해서는 먼저 한 가지 질문에 답을 해야 한다.

'마이크는 무엇을 위해서 만들어졌는가?'

마이크가 아무리 멋지고 비싸다고 해도 제대로 구실을 못하면 쓸모없다. 하지만 볼품없고, 싸구려라고 해도 만들어진 목적을 달성하고 있다면 좋은 마이크다.

"나는 성공자의 삶을 살고 있는가? 아니면 실패자의 삶을 살고 있는가?"

"내 인생은 좋은 인생인가? 나쁜 인생인가?"

이 질문들에 대한 답을 얻기 위해서는 그 전에 한 가지 질문을 더 해야 한다.

"나는 무엇을 위해서 창조되었는가?"

내가 아무리 가진 것이 많고, 세상에서 인정받고, 외모가 멋지다고 해도 내가 창조된 이유와 목적을 달성하지 못하고 있다면 쓸모없는 삶이라는 결론이 나온다. 하지만 내가 정말 볼품없고, 가진 것이 없고, 남한테 인정받지 못한다 할지라도 삶의 목적을 달성하고 있다면 성공한 인생이다. 하나님께서는 우리에게 소중하고 값진 인생을 살 수 있는 방법을 가르쳐주신다. 그것은 바로 하나님의 영광을 위해서 사는 것이다.

영광의 의미

"하나님께 영광을 돌린다"라는 말은 어릴 때부터 교회에 다니던 나에게는 매우 익숙했다. 나뿐만 아니라 많은 크리스천이 자주 이 말을 들었고 해왔을 것이다. 찬양 속에서도 얼마나 많이 나오는가.

"주님의 영광, 이곳에 임하시옵소서."

"하나님께 영광, 할렐루야."

우리가 이렇게 하나님의 영광을 찬양하는데 대체 '영광을 돌린다' 는 말은 무슨 뜻일까? 우리말로는 '하나님은 대단하신 분입니다. 하나님을 높여드립니다'라는 뜻이고, 영어로는 '하나님을 찬양합니다. 하나님께 예배드립니다' 정도의 의미를 가지고 있다. 하지만 원어는 전혀 다르다. 히브리어로 기록된 구약에서 영광이란 단어는 '카보드'이고 헬라어로 기록된 신약에서는 '독사'라고 하는데 이 영광이라는 원어 단어 안에 담긴 네 가지 요소를 살펴보면서 그 의미를 알아보자.

영광의 첫 번째 요소는 '실체(matter)'라는 단어로 설명할 수 있다. 사람들은 수천 년 전부터 이런 소망이 있었다.

'만약 이 세상에 신이 존재하시는데, 그 하나님이 나를 사랑해주시는 분이라면 얼마나 좋을까? 이 세상에 존재하는 신이 나를 무조건적으로 받아주시고, 죄를 용서해주시고, 따뜻하게 품어주시는 아버지 같은 분이라면 얼마나 좋을까?'

그러던 어느 날 그 하나님이 육신을 입고 이 세상에 오셨다. 인간의 소망이 실체가 된 것이다. 바로 예수 그리스도이시다. 성경은 예수님의 얼굴에서 하나님의 영광을 볼 수 있다고 말한다.

> 어두운 데에 빛이 비치라 말씀하셨던 그 하나님께서 예수 그리스도의 얼굴에 있는 하나님의 영광을 아는 빛을 우리 마음에 비추셨느니라 고후 4:6

이 하나님께서 나의 삶 속에 실체되지 않는 한, 영광 돌리는 삶은 시작되지 않는다. 하나님은 당신의 삶에 어떤 분이신가? 모태신앙의 대상, 내가 힘들 때 의지하는 대상, 찬양 속에 계신 막연한 분, 목사님 설교에 등장하는 한 인물 정도의 차원이라면 내 목에 칼이 들어오는 그날, 하나님을 부인할 수밖에 없다. 지금 이 순간 하나님은 내게 어떠한 존재인지 다시 한 번 점검해볼 필요가 있다.

하나님께서는 자기 자신에 대해 우리에게 이렇게 설명하신다.

"나는 아브라함보다도 먼저 존재하고 있다. 나를 증명하려고 애쓰지 마라. 나는 너의 실체보다도 더 실질적인 하나님이다. 네가 앉아 있는 의자보다 더 실질적이고, 네가 숨을 내쉬고 있는 공기보다 더 실질적이고, 환란의 때에 누구보다 실질적인 도움으로 너를 건져낼 수 있는 하나님이다."

이 하나님을 실체적으로 경험한다면 우리는 그분을 위해서 생명마저도 아깝지 않게 버릴 수 있다. 막연한 대상을 위해 인생을 바칠 사람은 없다. 그래서 우리는 '나의 하나님'을 만나야 한다. 내 하나님을 만나지 않는 한 내 신앙생활은 지속되지 않는다.

최근 나온 통계에 따르면 70퍼센트 이상의 고3 학생들이 대학에 가면서 교회를 떠난다고 한다. 안타까운 일이 아닐 수 없다. 찬양팀도 하고 중고등부 회장을 하면서 열심히 신앙생활하는 학생들도 예외가 아니다. 하지만 부모님의 하나님이 아니라 나의 하나님을 만나면 누가 뭐라 해도 하나님을 떠날 수 없다.

영광이라는 단어의 두 번째 요소는 바로 '비중(weight)'이다. 내가 처음 성경을 읽으면서 이해하기 어려웠던 장면 중 하나는 하나님의 영광이 성전에 가득 찼는데, 거기 있는 사람들이 제사장부터 시작해서 모든 백성들이 앞으로 고꾸라지는 것이었다(대하 7:1-3, 왕상 8:10,11 참조).

왜 그럴까? 내 상식 안에서 이해를 시도하다보니 전래동화의 한 장면이 연상되었다. 깊은 산속에서 산신령이 "짠" 하고 나타나니까 나무꾼이 고꾸라지면서 "앗, 산신령이다!" 하는 것처럼 "하나님의 영광이다!" 하면서 이스라엘 백성들이 고꾸라지는 것을 상상했다.

그런데 말씀을 읽을수록 그 차원이 아님을 알게 되었다. 하나님의 영광은 실체였기 때문에 구름과 같은 물체로서 하나님의 성전에 가득 차오를 때 거기에는 '무게'가 있었다는 사실이다. 그래서 무겁게 채워지고, 내려앉은 하나님의 영광 속에 서 있는 사람들은 고꾸라질 수밖에 없었다.

이 말씀은 오늘도 나의 삶 속에 오셔서 무겁게 내려앉길 원하시는 하나님을 보여준다. 나의 시간과 생각과 물질과 열정의 비중을 얼마만큼 드리느냐에 따라 하나님의 영광을 위해 사느냐 못 사느냐가 정해진다. 이것은 "하나님 사랑합니다. 하나님 찬양합니다" 하는 정도의 차원이 아니다.

주님께서 오늘 당신에게 물으신다.

'넌 나를 얻기 위해서, 나를 소유하기 위해서 얼마만큼의 비중을 주었니?'

하나님께 비중을 내어드린 사람들의 삶을 보면 한 가지 공통점을 발견하게 된다. 그것은 하나님께 다 내어드리는 게 힘든 것처럼 보여도 결국은 자신을 위한 것이 된다는 사실이다. 하나님께서 나의 삶에 비중을 차지하시고, 나의 중심에 서계시어 내 삶에 중력이 되실 때, 즉 삶의 모든 것을 끌어당기실 때 내 삶은 무엇에도 요동치 않기 때문이다.

나에게 굴복해라

예수님을 만난 후로 나는 세상에 무서울 것이 없었다. 40일 선교 여행을 마치고 일본으로 돌아와 중학교 2학년을 시작하면서 하나님께 기도했다.

'하나님, 제가 주님의 영광을 위해서 살고 싶습니다. 나를 동기 삼으신 예수님, 저도 주님을 나의 삶에 동기 삼고 한번 살아보겠습니다.'

어느 날 주님께서 말씀하셨다.

'나의 영광을 위해서 살고 싶니? 그러면 나에게 굴복해라.'

'주님, 제가 중학교 2학년밖에 안 됐는데 어떻게 주님께 굴복하면 될까요?'

그날 주님께서 던지셨던 뜻밖의 질문이 잊히지 않는다.

'네가 그 학교에 다니는 것이 우연이라고 생각하니?'

'주님, 무슨 말씀이십니까?'

'그건 우연이 아니야. 내가 너를 그 학교에 학생의 모습으로 심

어두었단다. 네가 왜 공부해야 되는지 모를지라도, 성적이 바닥을 치고 있다 할지라도 관계없어. 너를 거기에 둔 내 앞에 굴복해서 최선을 다해서 공부하고 학생의 모습으로 살아.'

'네.'

그때까지 내 성적은 F의 집합소였다. 체육 한 과목만 A였고, 나머지는 다 F여서 별명이 '에프 킬러'였다. 머리가 나빠서는 아니었다. 초등학교 4학년 때 일본으로 전학 가서 외국인학교에서 영어로 된 교과서로 공부를 하니 내용을 이해하지도 못했고, 숙제도 할 수 없었고, 시험을 칠 수도 없었다. 그랬던 내가 학생으로서 최선을 다해 살라고 말씀하신 주님 앞에 약속했다.

'위대한 성적을 거둬서 하나님께 영광 돌린다고 약속은 못하겠습니다. 솔직히 왜 공부해야 되는지 모르겠습니다. 공부를 포기한 지 오래됐습니다. 하지만 한 가지는 할 수 있습니다. 나를 학생의 모습으로 학교에 두신 분이 하나님이시라면 그 하나님 앞에 굴복해서 학생의 모습으로 살아드릴게요. 학교에 갔다 오면 세 시간 동안은 꼭 책상 앞에 앉아 있겠습니다.'

이 위대한 기도는 말이 쉽지 실천하기가 얼마나 힘든지, 첫날부터 고비였다. 학교에 갔다 와서 책상 앞에 앉아 교과서를 폈다. 무슨 교과서인지도 모른 채 펴놓고 그냥 앉아 있었다. 가만히 앉아서 15분쯤 지나니까 졸렸다. 어느새 잠이 들었다가 벌떡 일어나 시계를 보니 아직도 두 시간이 남아 있었다. 몸을 비틀고 어쩔 줄 모르다가 '여기 뭐가 쓰여 있나? 한번 들춰보기라도 하자' 하는 심정으로 보고 있는데 그림과 사진이 많은 과학책이었다. 보다가 내용이 궁금해서 영한사전을 꺼내서 찾아보고, 모르는 한국말은 다시 국어사전을 찾으면서 공부하기 시작했다.

그러던 어느 날 주님께서 또 물으셨다.

'네가 그 가정에 태어난 것이 우연이라고 생각하니? 아니다. 내가 너를 그 가정에 아들의 신분으로 심어뒀단다. 그러니 최선을 다해서 가정을 사랑하고 섬겨라.'

나는 그때까지 여동생을 쿵후 연습용으로 여겼다. 발로 배를 차고, 내 말을 안 들으면 가만 안 둔다고 협박하기 일쑤였다. 그런데 주님의 음성을 들은 그날, 나는 여동생 앞에 무릎을 꿇고 빌었다.

"오빠를 용서해줘. 하나님께서 너를 내게 동생으로 주셨는데 오빠가 너를 못 알아본 걸 용서해줘. 이제부터 내가 너를 최선을 다해서 섬길게."

이 말을 들은 여동생이 큰 은혜와 감동을 받을 줄 알았다. 동생은 곧장 엄마에게 달려가서 말했다.

"엄마, 큰일 났어. 오빠가 이상해!"

하지만 그때부터 하나님께서 여동생과의 관계를 회복시키셔서 그 후로 여동생은 나의 최고의 동역자요, 친구가 되었다.

나의 몫은 최선이다

말씀에 순종해서 열심히 살고 있던 어느 날, 주님께서 또 물어보셨다.

'네가 그 교회에 다니는 것이 우연이라고 생각하니? 아니다. 내가 너를 교인의 신분으로 교회에다 심어뒀단다.'

중학생이니까 공부하는 건 당연하고, 아들이니까 가정을 섬기는 건 당연하다. 그런데 중학교 2학년짜리가 교회에서 뭘 하겠는가!

'하나님, 제가 당회에 들어가겠습니까, 여전도회에 들어가겠습니까? 뭘 하라는 말입니까?'

내가 할 수 있는 일이 뭔지 알려달라고 기도했고, 얼마 후 주님께 고백했다.

'하나님, 제가 할 수 있는 게 한 가지 있습니다. 모든 공식 예배에는 다 참석하겠습니다. 수요예배, 금요철야, 주일 아침 새벽예배, 중고등부 예배, 대예배, 오후 일본어 예배, 저녁예배 다 드릴게요. 어린이 예배는 교사로 섬길게요.'

모든 예배를 드리고, 공부는 남들이 자는 시간에 했다. 가정에서는 가족을 섬기고, 학교에서는 학생으로 살았다. 그렇게 한 학기가 금방 지나갔다.

하루는 교실에서 공부를 하고 있는데 친구가 나를 불렀다.

"야, 가서 게시판 좀 봐!"

가서 보니 전교생 성적이 게시판에 붙어 있었다. 나는 양심에 따라 밑에서부터 올라가면서 내 이름을 찾았다. 중간까지 왔는데도 내 이름이 보이질 않았다. 그때부터 희망이 생겼다.

'성적이 많이 올랐구나.'

중간에서 다시 더 올라갔다. 그런데 전교 10등까지 갔는데도 내 이름이 보이지 않았다. 그때부터는 낙심이 되었다.

'혹 퇴학인가…'

설마 하는 마음에 더 올라갔다.

'이게 웬일인가?'

전교 1등에 내 이름이 있었다.

이 이야기를 하면 사람들은 내가 무척 똑똑한 줄 아는데 그렇지 않다. 가나의 혼인잔치에서 예수님이 물을 포도주로 바꾸셨을 때 그 사실을 아는 사람은 예수님과 물을 떠온 하인들뿐이라고 성경은 기록하고 있다(요 2:1-9 참조). 내가 얼마나 물 같은 존재인지는 나를 바꾸신 예수님과 당사자인 나밖에 모른다. 나는 이후 성적에 대해서 다음과 같이 생각을 정리했다.

'성적이란(결과란) 하나님의 주권에 달린 것이다. 나의 몫은 최선이다.'

하나님은 한 번도 우리에게 최고가 되라고 말씀하신 적이 없다. 도리어 최고가 되려고 하는 순간, 하나님의 권위를 침범하는 죄를 짓게 된다. 최고가 성공의 기준이라면 하나님은 불공평하신 분이다. 왜냐하면 어떤 사람은 최고가 될 수 있는 충분한 환경에서 태어났고, 어떤 사람은 정반대인 경우도 있기 때문이다. 하나님께서는 다만 이렇게 말씀하신다.

'네가 상처가 있는 가정에 있는 것은 실수도 아니고, 우연도 아니야. 나의 권위로 너를 그 가정에 두었으니 넌 최선을 다해서 가정을 섬겨. 네가 그 학교에 가는 것은 우연도 아니고 사고도 아니야. 내가 오늘 너를 학교에 두었으니 넌 학생의 모습으로 살아. 넌 네가 있는 교회에서 교인의 모습으로 살아.'

이 내용을 잘 표현한 찬양이 있다.

"부르신 곳에서 나 예배하네, 어떤 상황에도 나는 예배하네."

아픔과 상처의 현장, 가난과 불가능의 현장이라 해도 하나님께서 나를 부르신 곳, 거기서 최선을 다해 살면 된다.

한 번은 교사 세미나에서 이 간증을 했다. 한 100명 정도 모인 줄 알고 갔는데 2600명의 교사들이 모여 있었다. 떨리고 설레는 마음으로 말씀을 다 전하고 강단에서 내려갔는데 대학생으로 보이는 한 선생님이 나를 쫓아왔다.

"목사님, 저 아시겠어요?"

"모르겠는데…."

"목사님이 부산에 있는 저희 교회에 오셨을 때 제가 고1이었어요. 제가 그때 학교를 포기했었거든요. 성적이 바닥을 치고 있었고, 왜 공부해야 되는지 몰랐어요. 그런데 목사님의 간증을 듣고 학교에 갔다 오면 세 시간씩 책상 앞에 앉아 있었어요. 지금은 부산대 의과 대학에 다녀요."

공부를 이렇게 해야 한다고 말하는 게 아니다. 지금도 살아계신 하나님은 누군가를 높이실 수도 있고, 낮추실 수도 있다. 문을 여시기도 하고 닫기도 하신다. 우리의 몫은 그 하나님 앞에 굴복해서 최선을 다해 사는 것이다. 이것이 중요하다.

변질된 영광

성적이 계속 올라가니까 선생님들과 친구들이 나를 칭찬하기 시작했다.

"야, 너 대단하다. 나랑 친구하자."

"이렇게 똑똑한 학생이 이제까지 어디 숨어 있었니?"

나는 순식간에 학교에서 영웅이 됐다.

이 상태가 365일, 평생 가면 얼마나 좋겠는가. 내 성적은 중학교 2, 3학년까지 최상위권을 유지하다가 갑자기 고등학교 1학년 때 곤두박질치기 시작했다.

'하나님, 이건 아니지 않습니까? 망치시려면 중학교 성적을 망

치시지, 왜 고등학교 성적을 망치십니까? 이거 가지고 대학 가야 되는데요.'

선생님과 친구들 사이에서는 이런 말이 들리기 시작했다.

"너 요즘에 공부 안 하지?"

"혹시 여태까지 컨닝했냐?"

공부에 몸부림을 치는 동안 한 해가 금방 지나갔다.

내가 다니던 학교에서는 2학기 마지막 날에 한 해 동안 우수했던 학생들을 시상하는 시간이 있었다. 전교생을 비롯해 선생님들과 학부모님들까지 다 모인 자리에서 교장 선생님이 단상에 올라가서서 과목별 우수 학생들을 호명했다. 영어, 과학, 수학 과목의 시상이 끝나고 마지막 'PTA상(Parent-Teacher Association, 학부모교사연합회)'을 주는 시간이 왔다. 이 상은 부모님들과 선생님들이 의논해서 그해 가장 모범적인 학생에게 주는 것인데, 다른 학생들에게 '이 학생처럼 돼라' 하는 의미로 장학금과 함께 주는 최고의 상이다.

순간 가슴이 뛰기 시작했다. 나는 기도했다.

'하나님, 한때 하나님 영광을 위해서 살았는데… 저 상은 제게 주셔야 되는 거 아닙니까?'

하지만 그 상의 수상자는 내가 아니라 몰몬교를 믿는 친구였다. 그 친구가 상을 받는 모습을 보고 하나님 앞에 정말 죄송했다. 내가 다니던 학교는 다양한 국적과 문화적 배경을 가진 학생들이 모여 있는 만큼 종교도 다양했다. 불교, 힌두교, 몰몬교, 유대교, 신토교(Shintoism), 원불교, 남묘호렌게쿄, 심지어 사탄을 섬기는 종교까지 있었다. 그들이 다 보는 앞에서 하나님을 대표하는 내가 아니라 몰몬교 친구가 상을 받으니 나의 하나님과 그 친구의 신이 비교되는 느낌이 들었다. 나는 집까지 부들부들 떨면서 왔다.

그리고 집에 오자마자 무릎을 꿇고 기도했다.

'하나님, 제가 못나서 저 우상과 하나님이 비교가 돼버렸어요. 저 때문에 하나님의 영광을 깎아내리고 말았습니다. 용서해주세요.'

아무리 기도해도 하나님께 기별이 안 가는 느낌이었다. 뭔가 대책이 필요했다. 어려운 일이 생기면 짐을 싸서 기도원으로 들어가셨던 어머니를 본받아 나는 기도원에 가겠다고 말씀드렸다. 어머니께서 항공권을 끊어주셔서 짐을 싸서 한국으로 왔다. 도착하자마자 기도원에 들어가 기도하기 시작했다.

'제가 하나님께 영광을 돌리기 위해 창조되었는데 영광을 돌리지 못하면서 사느니, 이 세상에 존재하지 않는 것이 하나님께 이익이 될 것 같습니다. 제가 크리스천이란 사실을 모든 사람이 다 알고 있는데 다른 사람하고 비교되면서 사느니, 학교에 안 다니는 것이 오히려 낫습니다. 저를 여기서 죽이시든지 살리시든지, 둘 중 하나를 선택해주십시오. 살리시려면 영광을 돌릴 수 있는 새로운 모습으로 만들어서 학교로 돌려보내주세요. 하니님의 영광을 깎아내리

면서 살 것 같으면 차라리 이곳에서 죽여주세요.'

한여름에 물 한 방울도 마시지 않고 단식하면서 기도했다. 하루가 지나고 이틀이 지나 3일째 새벽에 나는 언덕 위에 쓰러져버렸다. 안개와 소나무가 꽉 차 있는 언덕에 누워 있는데, 몸은 자고 있었지만 정신은 멀쩡하게 깨어 있었다. 그때 내게 오셨던 하나님의 첫 마디가 잊히지 않는다.

'누가 사람의 입을 지었느냐?(출 4:11).'

그 전날 밤에 모세에 대해서 묵상할 때 읽었던 말씀이었다.

'누가 말을 못하는 자를 지었느뇨, 누가 영어를 잘하고 못하는 자, 수학을 잘하고 못하는 사람을 지었느뇨, 누가 공부를 조금만 해도 잘하고, 아무리 노력해도 안 되는 사람을 지었느뇨. 나 여호와가 아니냐? 내가 너에게 성적을 원했더라면 너를 통해서 충분히 거둘 수 있었어. 하지만 난 너에게 성적을 바란 적이 한 번도 없어. 난 너에게 한 가지만을 바란다. 네가 나를 의식하고 경외하며, 그 학생의 자리에서 최선을 다하는 모습을 통해서 난 이미 영광을 받았단다.'

가만히 생각해보니 변질된 내 모습이 보였다. 학교에 갔다 와서 세 시간 동안 책상 앞에 앉아 있겠다고 했던 공부가 나도 모르는 사이에 좋은 대학 가기 위한 공부, 남들에게 인정받기 위한 공부, 부모님을 기쁘게 해드리기 위한 공부로 변질되어 있었던 것이다.

'하나님, 저 다시 학교에 갈 자신이 없어요.'

'넌 한 가지만 해라. 나의 불꽃 같은 눈동자에 합격만 해라. 이 한 해 동안 네가 학교에 다니는 이유는 단 한 가지야. 이를 위해서 내가 너를 학교로 파송한다. 한 해가 지나갔을 때 '하나님 앞에서 합격', 그 한 마디만 들어라. 내가 너의 입에 말을 주고, 너에게 행할 일을 가르칠 테니 다시 한 번 나를 위해서 학교로 가줄 수 있겠니?'

'네, 하나님.'

나는 일어나 일본으로 갔다.

학교로 파송되다

고등학교 2학년 첫날, 나는 두려운 나머지 나도 모르는 사이에 현관 앞에 무릎을 꿇고 앉았다. 여동생이 나를 보고 따라 앉았다. 그러자 어머니께서 우리 옆에 앉으셨다. 아버지는 밖에서 우리를 지하철역까지 바래다주시려고 차에 시동을 걸고 대기하고 계셨다. 어머니께서 나와 여동생의 손을 잡고 기도해주셨다.

"하나님, 800만 우상이 있는 일본 땅에서 이 두 명의 크리스천을 학교로 파송합니다. 가서 하나님만이 유일신이심을 증거하고 오게 해주세요."

'파송'이라는 한 마디에 나는 벌떡 일어났다.

"학교 다녀오겠습니다."

역에서 전철을 타고 학교까지 가는 데는 한 시간 반이 걸렸다. 사람이 얼마나 많은지 역 직원들이 더는 타지 못할 때까지 사람을 밀어 넣었다. 서울의 지하철 2호선은 비교가 안 된다. 사람들 사이에 끼어서 가는 한 시간 반 동안 나는 속으로 끊임없이 기도했다.

'하나님, 내 얼굴 표정과 입의 말과 눈길과 모든 행동이 안 믿는 사람들에게 상처가 되지 않게 하옵시고, 그들이 저를 보고 하늘에 계신 아버지께 영광을 돌리게 해주시길 원합니다. 하나님만이 유일신이심이 증거되기 원합니다.'

기도하다가 은혜가 임할 때는 "주여", "아버지" 하고 소리내어 부르고 싶은데 많은 사람들 틈에 끼어 있으니 작게 "응응"이라고 표현할 수밖에 없었다.

"응응, 응응."

매일 이렇게 응응거리는 나를 같은 전철에 탄 학교 친구가 보고 있는 줄은 상상도 못했다. 친구는 멀리서 나를 보니 재밌기는 한데 그 자리에서 아는 척하기는 창피했던 모양이다. 그래놓고 학교에 가서 소문을 퍼뜨렸다.

"다니엘은 응응거린다."

그때부터 내 별명은 '끙끙이'로 바뀌었다. 복도를 지나가다 친구들에게 "굿모닝?" 하고 인사하면 아이들은 나에게 "응응" 하고 지나갔다. 그럼에도 나는 수업 시간에도 응응거렸다. 그런 나를 보고 하루는 어머니께서 심각하게 말씀하셨다.

"네가 정서가 불안하구나. 상담을 좀 받으러 가야겠다."

나는 정서 불안도 아니었고, 아무것도 아니었다. 생각만 스쳐지나가도 '하나님, 정결케 해주세요', '주님의 영광이 나를 통해서 나타나기 원합니다', '내 눈과 생각과 마음과 내 모든 것이 하나님만 바라봅니다' 하는 기도들을 하루 종일 '응응'으로 간단히 줄였을 뿐이다.

거기다 나는 한 가지를 더 추가했다. 학교에 있는 동안 내 마음이 하나님의 눈동자를 의식하기보다 친구들과 선생님들로부터 받는 인정과 사랑을 더 의식하게 될까봐, 그리하여 하나님의 영광이 아닌 나의 영광을 구하게 될까봐 두려웠다. 그래서 학교에 가자마자 화장실로 들어가 세면대 앞에서 무릎을 꿇고 기도했다. 그리고 점심 시간과 하교 시간에도 무릎을 꿇었다. 그렇게 하루에 세 번 화장실에서 기도를 하니 바지의 무릎이 늘 축축이 젖어 있었다. 화장실은 학교에서 찾을 수 있는 유일한 기도의 골방이었다.

"하나님, 800만 우상이 있는 일본 땅에서, 세계의 모든 신들이 모인 이 학교에서 하나님만 증거되길 원합니다."

화장실에 들어온 친구들이 나를 보고 놀랐다.

"야, 여기서 뭐해?"

이러한 사실은 곧장 학교에 퍼졌다.

"다니엘은 응응 정도가 아니라 하루에 세 번 화장실에서 이상한 짓을 한다."

거기에서 끝이 아니었다. 내 입에 할 말을 주고 행할 일을 가르치리라 하셨던 하나님께서는 약속을 신실하게 지키셨다. 하루는 하나님께서 내게 전교생에게 편지를 쓰라고 하셨다. 그건 자살행위나 다름없었다. 그러나 나는 순종하는 마음으로 편지를 썼다. 교장 선생님부터 유치원생에 이르기까지 모든 학부형, 선생님, 학생들에게 내가 쓴 편지를 한 장씩 돌렸다. 편지 내용은 이랬다.

"숨어 있는 크리스천이여, 모두 나와라. 너희가 사람들 앞에서 하나님을 부인하면 예수님께서도 아버지 앞에서 너희를 부인할 것이다. 또한 예수님을 부끄러워하면 먼 훗날 주님이 아버지와 천사늘의 영광으로 올때 그 사람을 부끄러워할 것이다. 나와서 우리 함께 이 학교의 구원을 위해서 기도하자."

얼마나 멋있는 내용인가! 감동받아 숨어 있던 크리스천들이 마구 나올 줄 알았다. 떨리는 마음으로 첫 번째 기도 모임에 갔다. 단 두 명이 왔는데 나와 여동생이었다. 나는 여동생과 손을 붙잡고 기도했다.

응응거려서 왕따를 당했는데 공식적으로 이런 도전장까지 던졌으니 적극적인 핍박이 시작됐다. 여동생과 학교 식당에서 기도하고 있으면 주스 병이 날아와서 와장창 깨졌다.

"다른 데 가서 해!"

교실에서 공부하고 있으면 친구들이 몰려와서 머리를 툭툭 친다.

"학교는 왜 또 왔어. 죽어!"

선배들한테 끌려가고, 사물함에서 물건이 없어지기 시작했다. 그런데 이상하게 두렵지가 않았다. 내 안에 사람보다 하나님을 두려워하는 마음이 크다보니 자잘한 무서움이 흡수돼버린 것이다.

맞고만 있던 어느 날, 나도 일어나야겠다는 생각이 들었다. 계속 맞고만 있으면 크리스천은 약하니 때려도 된다고 생각할 거 같았다. 하루는 친구가 나를 때리려는 순간, 주님의 영광을 위해서 분연히 일어났다. 그 친구를 딱 잡고 나의 기도의 자리인 화장실로 끌고 갔다.

"너 이리 와."

나는 친구를 화장실 안으로 밀어 넣고 말했다.

"내가 너보다 힘도 세고 공부도 잘하고 운동도 잘해. 나는 여기서 너를 충분히 때릴 수 있어. 하지만 내가 너를 때리면 내 안에 계신 예수님께서 슬퍼하셔. 그래서… 나는 너를 사랑해."

친구는 조금 당황한 것 같았다.

"어…."

그 친구는 그때부터 나를 건드리지 않았다.

고등학교 3학년 졸업여행 때 이 친구는 나와 룸메이트가 되었다.

피해자인 나는 잘 자는데 가해자인 그 친구는 3일 동안 잠을 못 자고 내 침대 끄트머리에 앉아 있었다.

"야, 왜 그래? 잠 좀 자자."

"싫어."

"왜?"

"네가 미워."

"왜 미워?"

"네가 믿는 그게 싫어. 예수인가 뭔가…."

친구의 말을 들으며 기회가 왔다는 생각이 들었다.

"너 예수님이 누군지 알아?"

"몰라."

나는 이어 예수님을 전했고, 친구는 펑펑 울면서 예수님을 영접했다. 그리고 나서 말했다.

"너, 나중에 연설가 된다고 그랬잖아?"

친구는 목사님을 연설가라고 생각한 모양이었다.

"혹시 노래할 사람 필요하면 내가 따라다니면 안 될까?"

"그때까지 기다릴 필요 없어. 우리 졸업하자마자 다니자."

고등학교를 졸업하고 내가 몇 군데 캠프를 다니면서 간증했을 때, 그 친구가 와서 내 간증이 끝난 후에 특송을 했다.

단상 위에서 부른 찬양

시간이 흘러 드디어 종업식 날이 왔다. 이전 해와 같이 강당에 전교생이 모이고 선생님들과 부모님들로 꽉 찼다. 교장 선생님께서 시상식을 시작했다. 영어, 과학, 수학 과목별 우수상을 주고, 마지막 PTA상을 줄 차례가 됐다. 그런데 희한하게 가슴이 두근거리지 않았다. 두 가지 이유가 있었다.

첫 번째는 내가 하나님의 불꽃 같은 눈동자 앞에서 합격이라는 확신이 들었다. 두 번째는 일 년 동안 왕따를 당한 학생에게 '너희들도 얘같이 돼' 하며 상을 줄 리가 없었다.

무관심하게 가만히 앉아 있는데 내 이름이 불려졌다. 몰몬교, 힌두교, 이슬람교가 아니고 하나님만을 의지했던 내 이름이 불린 것이다. 나는 깜짝 놀랐다.

무대 위로 올라갔는데 교장 선생님은 그날따라 상장과 함께 마이크를 주시면서 한마디 하라고 했다. 내가 말했다.

"노래를 한 곡 하겠습니다."

교장 선생님은 좀 당황스러워하면서도 그러라고 했다.

나는 〈In moment like these(이와 같은 때엔)〉이라는 찬양을 부르기 시작했다(마침 장기자랑을 위해 준비되어 있던 기타를 치면서 영어로 불렀다).

이와 같은 때엔 난 노래하네, 사랑을 노래하네 주님께

이와 같은 때엔 손 높이 드네, 손 높이 드네 주님께
주님 사랑해요 사랑해요, 사랑해요 주님 사랑해요.

자기네 신들이 옳다고 하는 사람들이 모인 자리에서 나는 하나님 앞에 고백했다. 내가 죽기로 작정하고 기도원에 들어갔을 때 내게 살아갈 목적을 허락해주신 하나님, 하루에 세 번씩 화장실에서 무릎 꿇고 기도하는 것을 목격하고 계셨던 하나님, 내가 길거리에서 예수님을 외칠 때 나를 응원해주셨던 하나님, 그 하나님을 사랑한다는 의미였다.

한 곡이 끝났는데 은혜가 넘쳐서 이어서 한 곡을 더 불렀다. 〈Thank you, Jesus(감사해요)〉라는 찬양이었다.

감사해요 주님의 사랑, 감사해요 주님의 은혜
목소리 높여 주님을 영원히 찬양해요.
나의 전부이신 나의 주님.

부르면서 솔직히 두려움이 있었다.
'교장 선생님은 무신론자에다 예수님 믿는 사람을 적극적으로 핍박하는 분인데 나를 끌어내리면 어떡하지? 에라, 모르겠다.'
찬양을 다 부르고 눈을 떠보니 몇몇 선생님과 친구들이 울고 있

"하나님, 800만 우상이 있는 일본 땅에서
이 두 명의 크리스천을 학교로 파송합니다.
가서 하나님만이 유일신이심을 증거하고 오게 해주세요."

었다.

'왜들 이러지?'

단상에서 내려온 후에 그 이유를 알게 되었다. 9학년(중학교 3학년) 때 담임선생님이셨던 미세스 넬슨이 오더니 나를 끌어안으면서 말했다.

"고마워."

"왜 그러세요?"

"네가 금년 초에 우리 모두에게 보냈던 편지 기억나니? '숨어 있는 크리스천들이여, 나오라'라고 했던 거. 그 편지를 읽고 얼마나 힘들었는지 몰라. 지난 20년 동안 일본 땅에서 크리스천이란 사실을 숨기고 살아왔어. 나라고 하나님을 높여드리고 싶은 마음이 왜 없겠니? 하지만 '나도 크리스천입니다. 나를 핍박해보세요'라고 하기는 참 힘들더라. 우리 모두가 그토록 원하는 것을 네가 대신 해줘서 고마워."

어느새 내 주변으로 몰려든 친구들이 "나도 그래"라고 하는 것이었다. 심지어 날 핍박하던 친구까지 말했다.

"나도 그래."

내가 놀라서 물었다.

"네가 크리스천이었어?"

"우리 아빠가 목사님이야."

다윗이 달려가서 블레셋 사람을 밟고 그의 칼을 그 칼 집에서 빼내어 그 칼로 그를 죽이고 그의 머리를 베니 블레셋 사람들이 자기 용사의 죽음을 보고 도망하는지라 이스라엘과 유다 사람들이 일어나서 소리 지르며 블레셋 사람들을 쫓아 가이와 에그론 성문까지 이르렀고
삼상 17:51,52

다윗이라는 어린 소년, 하나님의 불꽃 같은 눈동자만을 의식했던, 하나님의 영광에 생명을 걸었던 그 한 사람이 골리앗을 넘어뜨린 순간, 이스라엘 민족이 함께 들고 일어나는 것을 본다.

지금 당신이 다니는 학교와 직장과 가정과 학원에 숨어 있는 크리스천들이 당신이 나오기를 기다리고 있다. '누가 우리를 대신해서 여호와 하나님을 높여줄고?' 하면서 말이다.

아름다움을 흠모함

'하나님의 영광'에 내포된 세 번째 의미는 '아름다움(beauty)'이다. 아름다움은 강요하지 않음에 그 본질이 있다. 아름다움이란 요소가 '영광'이라는 단어 안에 담겨져 있지 않았다면 우리가 하나님에 대해서 크게 오해했을지도 모른다. 생각해보라. 하나님께서 우

리에게 오서서 "내게 영광을 돌려, 예배를 드려, 똑바로 살아!"라고 하셨다면 어땠을까. 아름다움은 보는 사람이 감동해서, 자진해서 좇아오게 만드는 것이다.

호세아서를 보면 간음하는 여인 고멜과 우상숭배 하는 이스라엘 민족에게 하나님께서 선지자 호세아를 보내면서 말씀하신다.

> 그러므로 보라 내가 그를 **타일러** 거친 들로 데리고 가서 말로 위로하고 호 2:14

이 말씀에서 '타일러'를 영어성경(NIV)에서는 'allure(유혹하다)'라고 했는데 이것이 원어적인 의미에 더 가깝다. 이 구절을 풀어서 설명하면 다음과 같은 의미가 될 수 있다.

"얘야 봐라. 난 이렇게 아름다운 하나님이란다. 내 최고의 아름다움을 봐라. 내가 여기까지 너를 용서하길 원한다. 내가 여기까지 너를 받아주길 원한다. 나는 나를 바라본 사람들이 내가 좋아서, 자진해서 좇아오게 만들리라."

요한복음 12장을 보면 예수님도 그런 말씀을 하신다. 헬라인 몇이 명절 때 예수님을 만나고 싶어 제자들에게 온다.

"소문을 듣고 왔는데 예수님을 좀 만나게 해주세요."

"잠깐만 기다려보세요. 여쭤보고 오겠습니다."

제자들이 예수님께 나아간다.

"저 사람들이 예수님을 만나러 왔는데 어떡하죠?"

이에 대해서 예수님께서 뭐라고 하셨는가. "시간이 없으니 나중에 오라고 해" 아니면 "지금 빨리 오라고 해"라고 하지 않으셨다. 23절을 보면 이렇게 말씀하신다.

"인자가 영광을 얻을 때가 왔도다."

참 희한한 대답이다. 전혀 상관없는 대답같이 들린다. 그러나 이것이야말로 가장 정확한 대답이었다.

"나를 만나러 온 저 사람들은 죽은 나사로를 살리는 예수를 만나러 왔다. 저들이 만나러 온 예수는 오병이어의 기적을 일으켜서 자기의 밥줄을 해결해주는 예수다. 하지만 나 때문에 핍박을 받고, 환란이 밀려오면 그들은 가차 없이 나를 떠날 존재들이다. 하지만 내가 너희들에게 정말 보여주기를 원하는 예수는 그 정도 차원이 아니다. 이제 내가 십자가에 달려서 하나님의 최고의 영광을 나타낼 때가 됐다. 하나님의 최고의 아름다움을 나타낼 때가 됐다.

이제까지 나를 통해서 복받고, 잘되기를 원해서 왔다면 이제부터 십자가를 바라보는 사람들은 나 때문에 핍박받고, 어려움과 고난을 당한다 할지라도 나만을 원해서 좇아오게 만드는 그러한 예수를 너희들에게 주기 원한다."

왜 하필 십자가일까? 십자가는 하나님의 아름다움이 가장 명확하게 보이는 곳이기 때문이다. 하나님께서는 십자가에서 자기 아들을 죽이시면서까지 그 거룩하심을 보존해야 할 정도로 거룩하셨다. 자기 아들을 십자가에서 죽이시면서까지 나와 당신을 사랑하셨다. 그렇다면 우리가 답답해서 "정말 하나님이 계십니까? 나를 사랑하십니까?"라고 말할지언정 십자가를 바라보는 순간 한 가지 만큼은 확신할 수 있다.

'나를 미워하신다는 뜻은 아닐 거야.'

얼마나 공의로우시면 자기 아들을 죽이시기까지 그 공의로우심을 보존해야만 하셨을까? 만약 그것이 사실이라면 십자가를 바라보는 순간 한 가지는 확신할 수 있다. 한이 맺히고, 답답하고, 억울하다 할지라도 십자가를 바라보는 순간, 우리는 고백한다.

'언젠가 주님이 반드시 갚아주실 날이 올 거야.'

십자가는 하나님의 최고의 아름다움이 등장하는 곳이다. 그걸 바라보는 사람들은 가만히 있을 수 없다. 지금까지 복받기 위해서 주님을 좇아왔는가. 하나님을 통해서 잘되기 위해서, 좋은 대학 가기 위해 좇아갔다면 이제는 십자가를 바라보고, 하나님의 아름다움을 바라보고 그분이 좋아서 좇아가게 되길 바란다.

참된 변화는 거기서부터 시작이다. 크리스천이 "똑바로 살아야지. 열심히 살아야지" 다짐한다고 변화되는 게 아니다. 하나님의 영광을 바라보고, 그분의 아름다움을 추적하는 삶을 통해 자연적으로 변화를 받는 것이다.

나의 첫 번째 강단

영광의 네 번째 의미는 '선포(proclamation)'이다. 어떤 사람이 내게 선물을 주면 나는 받는 즉시 열어볼 것이다. 열어보니 상상치도 못하게 좋은 것이라면 어떤 반응을 보일까? 그걸 바라보면서 심각하게 '음' 하고 고개를 끄덕이는 사람이 있을까? 아마도 정상적인 사람이라면 "우와, 이것 좀 봐. 대단하다!" 하고 소리를 칠 것이다. 이것이 바로 선포다.

실체적인 하나님을 경험하고, 그분에게 나의 모든 비중을 걸고, 그 아름다움을 추적하는 삶에는 반드시 선포가 터져나올 수밖에 없다. 그것은 곧 찬양이고, 예배이며, 전도이고, 선교다. 작가이자 신학자인 C. S. 루이스는 이렇게 말했다.

"우리가 실체적인 하나님을 경험하고, 그분에게 우리의 모든 비중을 내어드리고, 그분의 아름다움을 추적하는 삶 속에서 내 입에서 선포가 터져나오는 것은 보통 행위가 아니다. 그것은 우리의 내적인 엄청난 행복을 완성시키는 행위이다."

선포는 영광을 완성시키는 단어다. 이러한 선포적 영광이 나의 삶의 목적이라면 지금까지 어떠한 삶을 살았든지, 실적 없고, 이력

없는 삶이라 해도 당장 누구나 시작할 수 있다.

나는 예수님을 만나고 주체할 수 없는 마음에 성경책을 들고 후쿠오카 시내 한복판으로 뛰어나가 노방전도를 시작했다. 내가 살던 후쿠오카는 도쿄, 오사카와 함께 일본 3대 도시 중에 하나다. 나는 후쿠오카에서도 가장 번화가인 덴진(天神)으로 나갔다. 덴진은 대형 빌딩, 백화점, 쇼핑센터 등이 즐비한 곳으로 서울로 말하면 강남이나 명동 같은 곳이다. 토요일 저녁 7시는 가장 혼잡한 시간으로 관광객과 학생 등 수많은 사람들로 북적댄다.

거기서 성경책을 든 중학교 2학년짜리를 봐주는 사람은 아무도 없었다. 그래서 어떻게 할까 하다가 '깊은 곳에 그물을 던지자' 하는 생각이 들어서 수천 대의 자동차가 지나다니는 메인 도로 옆, 가드레일 위로 올라갔다. 사람들이 지나가다가 신기한 듯 나를 쳐다봤다. 잠시 동안 나 자신도 내가 왜 이런 일을 하는지 믿어지지 않아서 입이 안 열렸다. 하지만 내가 외칠 수 있는 말씀, 내가 확신하는 단 한 가지 사실이 생각났다. 좁은 가드레일 위에서 중심을 잡을 수가 없어서 나는 옆에 있는 신호등을 붙잡은 채로 외치기 시작했다.

"예수 그리스도, 예수 그리스도, 예수 그리스도!"

이 한 마디를 한 시간 동안 외쳤다. 사람들은 나를 정신이 이상한 사람인 양 쳐다보며 지나갔다. 그렇게 한 시간쯤 외치니까 희한한 일이 일어났다. 입이 열리기 시작하더니 생각지도 못했던 말들이 튀어나왔다.

"예수님은 당신을 사랑합니다. 십자가가 당신의 구원입니다. 거기 빨간 옷 입은 아가씨, 아무리 빨간 옷을 입어도 천국에 갈 수 없습니다. 하지만 예수 그리스도의 보혈로 우리는 용서받을 수 있습니다. 거기 자전거를 타고 가는 아저씨, 자전거로는 천국까지 못 갑니다. 하지만 예수 그리스도를 믿으면 구원 열차 올라타고 하늘나라 가지요, 빵빵."

간혹 술병이 날아오고, 잡혀가기도 했다. 불법은 아니지만 신고가 들어오면 일단 쫓아내야 한다고 했다.

후쿠오카 덴진의 가드레일 옆 신호등이 내가 처음 설교한 강단이다. 내가 이렇게 외치고 있으면 당시 초등학교 5학년이던 여동생이 밑에서 사람들에게 전도지를 나누어주었다. 이 일을 중학교 2학년 때부터 고등학교 3학년 때까지 5년 동안 한 번도 쉬지 않고 했다. 학교 시험이 다가오고, 열이 40도가 넘어도, 천둥과 번개가 치고, 태풍이 부는 날에도 매주 토요일에는 그 땅을 지켰다.

그때 어머니가 항상 말씀하셨던 것이 있다.

"이 세상에 열정 있는 사람들은 많아. 선교한다고 붕붕 뛰고 있는 사람도 많고 박사학위 있는 사람들도 많단다. 하지만 너는 잘하든 못하든, 무디고 모자라도 한 가지만 해. 항상 네가 있는 그곳을 지키는 사람이 돼. 주님이 언제라도 찾으실 때 '저, 여기 있어요' 하는 사람이 되면 돼."

정말 쉬고 싶을 때도 있었지만 내가 한 말을 지키기 위해서 여동생을 데리고 토요일 저녁마다 나갔다. 일본의 한 교회가 참여하면서 많을 때는 20명이나 되는 사람들이 모이기도 했지만 처음 1년과 마지막 1년은 여동생과 나밖에 없었다.

한번은 어머니가 노방전도하는 우리를 몰래 따라와서 숨어서 보고 계셨다. 난 위에서 외치고 있고 아래에서 여동생이 전도지를 뿌리고 있는데 한 청년이 받은 전도지를 여동생이 보는 앞에서 찢어서 얼굴에다 뿌리고 갔다. 그걸 본 어머니는 눈에 불이 튀면서 가서 그 청년을 때려주고 싶었다고 한다. 그런데 여동생이 땅에 떨어진 전도지 조각을 다 모아서 한쪽 구석에 가서 그걸 쥐고 기도하는 모습을 보고 회개하고, 그 일본 청년을 위해서 기도하셨다고 한다.

노방전도는 무지한 전도 방법이다. 솔직히 그런 전도로 누가 예수님을 믿을까 싶다. 하지만 한 가지 확신하는 게 있다. 개인전도는 한 사람을 살리지만 노방전도는 한 도시를 살린다는 것이다. 하나님의 자녀들이 핍박받고 있는 그 모습을 보고 하나님은 '너희들이 그토록 사랑하는 이 도성을 살려줄게' 하시는 것이다. 당시 후쿠오카에 훌륭한 목사님과 선교사님들이 많았는데, 나와 여동생에게 후쿠오카 한가운데를 맡기셨다는 게 얼마나 감사했는지 모른다.

> 여호와의 눈은 온 땅을 두루 감찰하사 전심으로 자기에게 향하는 자들을 위하여 능력을 베푸시나니 대하 16:9

온 땅을 살피시고, 일본 전역을 살피시던 하나님의 눈이 그때 이름 모를 중학생 소년과 초등학생 소녀에게 머물렀음을 확신한다.

십자가 행진

> 오직 성령이 너희에게 임하시면 너희가 권능을 받고 예루살렘과 온 유대와 사마리아와 땅 끝까지 이르러 내 증인이 되리라 행 1:8

크리스천이라면 이 말씀은 많이 들어봤을 것이다. 다만 너무 잘 알아서 너무 가볍게 여기는 것은 아닌지 돌아볼 일이다. 단기선교 갔다 와서 선교 보고 전에 띄우는 말씀이나 수련회 때 식사 암송 구절 정도로 여겨서는 안 된다. 이 말씀은 우리의 정체성을 말해주고, 목적지를 제시해주고 있기 때문이다.

이 말씀에서 증인이 되는 것은 한 가지 조건뿐이다. 성령님이 임하시는 것이다. 어떤 분은 이렇게 말한다.

"나는 예수전도단 훈련도 안 받고, CCC 훈련도 안 받고, 전도폭발 훈련도 안 받았어요. 저는 아닙니다."

주님께서 말씀하신다.

"오직 성령이 너희에게 임하시면."

선교와 전도는 선택사항이 아니다. 예수님의 생명이 내 안에 들어오는 순간, 내가 크리스천이 되는 순간, 내가 거듭나는 순간에 내 DNA 자체가, 내 본질 자체가 바뀌어버린다. 크리스천이 숨 쉬는 것이 전도이고, 증인으로서의 삶이고, 선교사의 삶이다. 필요한 것은 가면서 배우면 된다. 다 배우고, 다 소화하고 가려면 너무 늦다.

나는 그것을 너무나 많이 목격해왔다. 내가 열일곱 살 때 아사호란도 목사님이 이끄는 십자가 행진(Cross March) 팀의 일원이 되어 일본 시코쿠 섬을 십자가를 지고서 행진한 적이 있다.

일본은 크게 네 개의 섬으로 이루어져 있는데 가장 북쪽에 홋카이도가 있다. 그 아래 가장 큰 섬인 혼슈(本州)가 있는데 도쿄, 오사카, 나고야, 고베, 교토 등 주요 도시들이 위치해 있다. 그 다음에 제일 밑에 있는 것이 규슈(九州)인데 거기에 후쿠오카, 구마모토, 미야자키, 가고시마가 있다. 이 혼슈와 규슈 사이에 낀 섬이 시코쿠(四國)로 둘레가 약 1천 킬로미터이다. 이곳은 하얀 옷을 입고 88개의 신에게 절을 하면서 섬을 한 바퀴 돌면 소원이 이루어진다고 알려져 있어 일본에서는 성지순례 코스로 유명하다. 우리는 그 섬을 십자가를 지고서 소원을 빌러온 구도자들과 마주치면서 반대로 돌았다.

우리 팀의 리더는 아사 호란도 목사님이셨다. 원래 영어 이름이 '아서 홀랜드(Arthur Holland)'인데 일본 사람들이 영어 발음이 잘 안 되다보니 "아사 호란도"가 된 것이다. 목사님의 아버지는 미국인이고 어머니는 일본인이셨는데 목사님은 양쪽의 좋은 점만 갖고 계셨다. 목사님은 미국 국가대표로 올림픽 유도 금메달리스트, 레슬링 그레코로만스타일 동메달 리스트로 몸에 발달이 안 된 근육이 없었다. 내가 그 분을 처음 뵈었을 때 양복을 입고 계셨는데 몸이 역삼각형이었다. 나는 목사님을 보자마자 절로 기도가 나왔다.

'하나님, 저도 저렇게 되게 해주세요.'

나는 엄청난 자극을 받았다.

'목사님이라면 모름지기 저러셔야지. 나도 저렇게 될 테다.'

그 분이 설교하면 하나님의 말씀이 살아서 꿈틀꿈틀 움직이는 게 피부로 느껴졌다. 한번은 목사님이 일본의 부흥에 대해서 설교하신 적이 있다.

"이제 일본에 곧 부흥이 옵니다. 하나님께서 생기를 불어오시면 일본에 죽었던 영혼들이 깨어날 것입니다. 생기야 불어와라. Revival!"

"Revival" 하시는 목사님의 외침과 함께 그분의 근육이 꿈틀대던 것이 얼마나 멋지던지, 나는 "바로 저게 부흥이지" 했던 기억이 난다.

두 번째, 세 번째, 네 번째 멤버는 전직 야쿠자 출신으로 한 분은 머리서부터 발끝까지 용이 그려져 있고, 한 분은 사자, 마지막 한 분은 여자가 그려져 있었다. 다섯 번째, 여섯 번째 멤버는 '학구파'라고 불렸는데 머리가 크고, 밖에 나가지를 않고 매일 공부만 해서 그런지 피부가 희었다. 그중 한 분은 도쿄 상지대학 영문학과를 졸업하고 아사 호란도 목사님의 비서로 사역하셨고 다른 분은 규슈대학 철학과를 졸업하고, 철학박사 논문을 쓰시다가 이걸로는 하나님을 증명할 수 없다고 판단하고 다 버리고 목사님을 쫓아온 것이었다.

마지막 멤버가 바로 나다. 우리는 '7인의 사무라이'가 돼서 행진을 시작했다. 십자가는 4미터짜리 통나무로 만든 40킬로그램이 넘는 것으로 최대한 예수님 당시의 십자가를 재현했다(다만 우리의 십자가는 예수님이 지신 것과는 달리 끝에 바퀴가 달려 있었다). 한 사람은 십자가를 지고 행진하고, 한 사람은 빨갛고 흰 깃발을 든다. 깃발에는 일본어로 이런 말이 써 있다.

"할렐루야, 나는 크리스천입니다!"

한 사람은 기타를 치면서 찬양하고, 한 사람은 전도지를 뿌리고 어떤 사람은 마이크를 들고서 외친다.

"안녕하세요? 길을 가시는 보행자 여러분, 예수님은 당신을 사랑하십니다."

아침 아홉 시부터 오후 다섯 시까지 행진을 하는데 매일 40킬로미터를 걷고 나면 온몸이 땀에 흠뻑 젖는다.

아사 호란도 목사님은 행진을 하면서 지나가는 지역 교회에서 집회를 하셨다. 집회가 저녁 일곱 시부터 있기 때문에 우리는 몸을 씻기 위해 단체로 목욕탕에 갔다. 일곱 명의 남자들이 목욕탕에 가는 장면을 상상해보라. 역삼각형의 몸을 가진 아사 호란도 목사님께서 가장 먼저 들어가면 주인아저씨가 깜짝 놀란다. '뭐 하는 사람인가?' 하는 눈빛이다. 이어서 야쿠자 출신 멤버들이 들어간다. 용 한 마리, 사자 한 마리가 들어오고 마지막에 여자 한 명이 쫓아들어가면 아저씨는 '큰일 났다'는 표정이다. 그들 뒤로 학구파 둘이 들어가면 이때부터는 조금 이상해진다.

'야쿠자는 아닌 거 같은데 뭐지?'

그러다 마지막에 학생인 내가 들어가면 더 깜짝 놀란다.

'어린 학생까지? 이건 무슨 단체일까?'

아사 호란도 목사님은 천국에서 가장 위대한 자는 이 세상에서 가장 어린 자라고 하시며 어린 자를 먼저 섬기라고 하셨다. 그래서 내가 앉으면 그 어르신들이 "형제"라고 부르면서 비누 타월로 내 등을 씻어주신다. 그때쯤 되면 목욕탕 아저씨 얼굴이 환해진다.

'아, 쟤가 두목이구나.'

하루는 밤에 집회를 마치고 가는데 반대쪽에서 한 스님이 걸어오고 있었다. 그 스님은 우리를 보는 순간 딱 멈췄다. 아사 호란도 목사님께서 손가락 두 개를 들어올리셨다. 두 명이 가서 전도하라는 뜻이다. 알고 보니 그 스님은 일본에서 정말 유명한 분이었다. 큰 절의 주지승이었는데 억울하게 한 사건에 연루되어 형무소에 가게 되었고, 출소한 후 자신이 믿었던 것이 허무함을 깨닫고 참 신(神)을 발견하기 위해서 이 섬을 세 바퀴째 돌고 있다가 우리를 만난 것이었다. 두 명이 달려가서 스님에게 말했다.

"예수님은 스님을 사랑하십니다. 예수님은 스님을 능히 구원하실 것입니다."

그 순간 스님이 눈물을 흘리면서 외쳤다.

"드디어 찾았다!"

아사 호란도 목사님께서 가서 예수님을 영접하는 기도를 인도했다. 기도를 마치자 스님이 갑자기 자신이 가지고 있던 국보급 염주부터 불교와 관련된 모든 물건을 막 챙기시더니 "으악" 하면서 바다로 던져버리는 것이 아닌가. 그걸 보고 아사 호란도 목사님께서 "당신은 됐습니다" 하고 파도가 치는 바다로 내려가 그에게 세례를 줬다. 그리고 그는 여덟 번째 멤버가 되어 우리를 쫓아오기 시작했다.

다음 날 아침 우리는 십자가를 지고, 깃발과 전도지, 메가폰을

당신은 하나님의 자녀가 되었는가? 성령을 받았는가?
그렇다면 이미 증인의 삶은 시작되었다.

들고 전직 스님에게 인사를 했다.

"곤니찌와."

그는 그날 메시지 선포를 담당한 나를 가만히 쳐다보았다.

"왜 그러세요?"

"저도 그거 한번 해봐도 될까요?"

"그럼요, 이제 크리스천이 되셨잖아요."

나는 마이크를 그에게 건넸다. 그날 그가 전한 메시지가 잊히지 않는다.

"여러분, 저는 어제 예수라는 분을 만났습니다. 나를 구원하신 그분께서 여러분도 구원하실 겁니다."

예수님을 정확하게 만나자 즉각적으로 전도자, 증인, 선교사의 삶이 시작된 것이다. 당신은 하나님의 자녀가 되었는가? 성령을 받았는가? 그렇다면 이미 증인의 삶은 시작되었다.

십자가를 만난 사람

십자가 행진을 시작할 때 집회를 하러 한 교회에 갔다. 그런데 목사님 얼굴이 좀 어두워보였다.

"목사님, 우울한 일 있으신가요?"

목사님께서 한숨을 쉬시고 한참을 생각하시다가 말씀하셨다.

"제 아들이 골칫덩어리예요."

"무슨 말씀이세요?"

"아들 녀석이 오늘 저녁 집회에 참석하겠다고 해서 제가 '너는 우리 집안의 수치고, 교인들이 너를 보면 실족하니까 오지 말라'라고 했어요."

이야기를 들어보니 목사님의 아들은 '오카마'라고 하는 여장 남자였다. 몸은 남자인데 얼굴에 화장을 하고 옷차림, 말투까지 여자처럼 하고 다녔다. 그런 아들이 교회에 나타나면 자신도 수치스럽고 교회에도 덕이 되지 않을 거라고 생각해서 오지 말라고 하긴 했지만 아버지로서 마음이 아픈 것이다.

"목사님, 그렇게 오기 원하는데 오라고 하세요. 하나님께서 어떻게 역사하실지 모르잖아요."

목사님이 잠시 생각하더니 그러겠다고 하셨다. 저녁에 목사님 아들이 집회에 와서 맨 뒷자리에 앉아 있다가 예배를 마치고 아사호란도 목사님께 왔다.

"목사님, 저도 십자가를 한번 져보고 싶습니다."

"그러면 내일 우리와 함께하시지요."

"네, 목사님."

나는 큰 기대를 하지 않았다.

'설마 올까?'

다음 날 우리가 행진 준비를 마무리하고 있는데 그 목사님 아들이 함께하겠다고 왔다. 처음 5킬로를 걷는 동안 그 형제는 줄곧 십자가에 시선을 두고 있더니 "나도 십자가를 져봐도 될까요?"라고 물었다. 그래서 십자가를 전해줬다. 무거운 십자가를 지고 걸을 수 있을까 걱정했는데 10킬로를 걷고, 20킬로를 지나서, 30킬로쯤 되었을 때 그가 갑자기 울기 시작했다. 40킬로를 다 걷고 마지막으로 서로 손을 잡고 기도하는데 그가 간증을 했다.

"나는 지금까지 예수님께서 나를 위해서 지어주신 십자가가 이렇게 무거운지 몰랐어요. 이것은 마치 끊으려고 해도 끊어지지 않는 나의 죄와 같습니다. 그런데 이것이 2천 년 전에 주님이 나를 위해 이미 져주시고 해결하신 십자가라면 나의 죄도 이미 해결됐으니 이제 사탄에게 그만 속겠습니다. 저, 이제 끊겠습니다."

그 고백이 참 귀해서 우리는 축복기도를 해주고 헤어졌다. 시코쿠 섬을 한 바퀴를 돌고 다시 그 교회로 가는 날이었다. 십자가를 지고 한 달 만에 새까만 얼굴로 교회로 들어가려는데 멀리서 한 사람이 "할렐루야!" 하면서 우리를 향해 뛰어오고 있었다. 가만히 보니까 여장을 했던 목사님 아들이 완전히 남자가 돼 있었다. 최근에 들은 소식에 따르면 그는 목사님이 되어 목회를 하고 있다고 한다.

노방전도의 열매

여동생과 함께 후쿠오카 한복판에서 노방전도를 할 때 감사하게도 하나님께서 중간에 몇 년 동안은 동역자들을 보내주셨다. 다들 평범한 사람들이었다. 꾸준히 함께했던 멤버는 초등학생 남자아이 한 명, 대학생 형, 우체국에서 근무하는 아저씨, 그리고 회사원 한 명, 나와 여동생이었다. 금요일 저녁이면 우리는 교회에 모여서 밤을 새면서 기도를 했다.

"하나님, 저희들에게 성령으로 함께해주세요. 내일 나가서 외칠 때, 하나님의 이름이 회복되고, 하나님의 땅이 회복되는 역사를 보기 원합니다."

열심히 기도했다. 그때 우리가 한 기도대로라면 노방전도로 하루에 5천 명, 7천 명씩 구원받고 돌아와야 했다. 그러나 5년간 한 사람도 눈에 보이는 열매는 없었다. 아쉬운 마음이 있었지만 열매보다 하나님께서 내게 주신 곳에서 주님의 마음을 지켜냈다는 것에 의미를 두었다. 그리고 시간이 흘러 나는 고등학교를 마치고 미국으로 갔다.

사관학교와 신대원을 졸업하고 전도사 생활을 하다가 목사 안수와 선교사 파송을 받고 중국으로 갔다. 그때부터 전 세계를 돌아다니다가 일본에서 노방전도를 함께했던 교회의 초청을 받아 가게 됐다. 여동생과 동갑이었던 초등학생 남자아이가 이 교회 목사님 아들이기도 했다. 목사님은 오랜만에 나를 보고는 무척 반가워하시며 말씀하셨다.

"하나님, 정말 감사합니다. 이제 드디어 모든 그림이 완성됐습니다."

"어떤 그림이 완성됐습니까?"

"그때 우리가 얼마나 일본 땅을 위해서 기도했습니까. 금요일마다 모여서 밤을 새며 기도했지만 단 한 사람도 눈에 보이는 열매는 없었지요."

"네, 맞습니다. 목사님."

"그런데 하나님께서 위대한 일을 하셨습니다. 그 핵심 멤버들이 다 목사님과 선교사님이 되었어요."

우리의 관심은 일본을 바꾸는 데 있었다. 하지만 하나님은 그동안 우리를 바꾸시고, 우리를 통해서 열방을 바꿀 계획을 갖고 계셨다. 우체국 아저씨는 우체국을 그만두고 목사님이 되었다. 대학생 형도 졸업하고 목사님이 되었고, 목사님의 아들이었던 초등학생도 목사님이 되어 규슈의 한 지역에서 목회하고 있다고 했다.

이 소식을 전하시던 목사님은 감격하셨다. 사실 이 목사님에게는 아들이 한 명 더 있었는데, 초등학생 남자아이의 형이었다. 동생과는 다르게 형은 목사님의 근심거리였다.

일본의 교회는 참 힘들고 열악하다. 목사인 아버지의 힘든 삶을 보며 큰아들은 반항하기 시작했다. 중학교 3학년 때부터 술을 먹고, 담배를 피우고, 머리는 빨갛게 염색하고 파마를 해서 세우고, 흰색 교복을 만들어 입고, 장화를 신고, 긴 장갑을 끼고, 폭주족으로 살았다. 교회에 와서 행패를 부리는가 하면 가출을 하는 등 누구도 못 말리는 방탕한 삶을 살았다.

그러던 어느 날 그는 칼을 가지고 혼자서 교회 뒷산으로 올라갔다. '나는 살만한 가치가 없다'라는 생각에 칼로 자기의 손목을 계속 그었다. 피가 흘러나오고 몽롱해지면서 추워졌다. 눈앞이 뿌옇게 되고 아무것도 안 보이고, '이렇게 가는구나' 생각하는 순간 한 목소리가 들렸다.

"모 요카로?"

이 말은 그 지역 사투리로 "충분하지 않니?"라는 뜻이었다. 바로 예수님의 음성이었다. 그 지역 토박이인 이 형제에게 찾아온 예수님이 그에게 친근한 사투리로 말씀하신 것이다. 마음이 강퍅해져 있는 그에게 따뜻한 사투리로 말씀하시는 예수님은 얼마나 좋으신 분인지!

그는 그때 의식을 잃었고 나중에 깨어나 보니 병원이었다고 한다. 그때부터 주님께 헌신해서 그도 우리의 노방전도에 함께하기 시작했다. 이후 이 형제도 목사님이 되어 목회를 하고 있다.

하나님이 하시는 일은 참으로 기묘하다. 우리가 그런 하나님을 정말 안다면 부르신 그곳, 산산 조각난 환경, 도저히 이해되지 않는 현실 속에서도 다시 한번 기도할 수 있다.

"하나님, 저는 이해할 수 없습니다. 하지만 저보다 생각이 크신 하나님을 신뢰하기에 이 현실에서 한 번 더 견딜게요. 하나님 때문에 하루 더 살아드릴게요. 하나님 때문에 한 번 더 참아드릴게요."

이러한 능력이 우리 안에 있다면 정말 세상이 우리를 감당치 못할 것이다.

먹든지,
마시든지,
무엇을 하든지,
다 하나님의 영광을
위해서 할 때
반드시 희생이라는
대가가 필요하다.

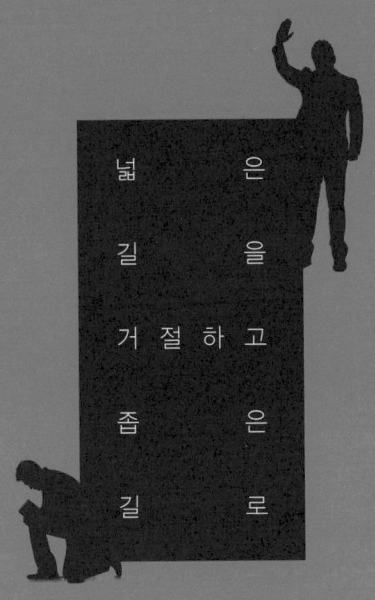

넓은 길을 거절하고 좁은 길로

3
CHAPTER

철인

세 상 이

감 당 치 못 할

믿 음 의 사 람

넓은 길을 거절하고
좁은 길로

희생이라는 대가

나는 어렸을 때부터 귀한 설교를 많이 들었다. 내 생일에 어머니가 "생일 축하해!" 하며 선물을 주셔서 신나게 포장지를 뜯어보면 테이프가 함께 들어 있는 목사님의 설교집이었다. 성탄절에 "메리 크리스마스!" 하며 선물을 주셔서 열어봐도 역시 마찬가지였다.

내 침대 머리맡에는 설교 테이프들이 쭉 늘어서 있었고, 늘 테이프를 틀어놓고 듣다가 잠이 들었다. 자다가 깨서 화장실에 갔다 오면 설교 테이프를 뒤집어서 넣고 반대쪽을 들으면서 다시 잠들곤 했다. 옥한흠 목사님, 김진홍 목사님의 설교는 하도 많이 들어서 외울 정도였다. 그때 들었던 주옥 같은 하나님의 말씀이 오늘 나의 삶에 기둥이 되었음을 고백한다.

반면에 또 어떤 설교들은 시간이 지닐수록 '이건 아닌데…' 하는 것도 있었다. 예를 들면 이런 설교였다.

"예수님을 믿으면 만사형통합니다. 예수님을 믿으면 아무런 문제도 없습니다. 예수님을 믿으면 세상이 여러분을 좋아할 것입니다."

어렸을 때는 정말 그런 줄 알고 "아멘" 하고 받았다. 그런데 살면서 그렇지 않다는 것을 알게 되었다. 주님을 위해서 살면 살수록 힘들어졌다. 하나님을 위해 생명을 건 다음부터는 삶에 고통과 아픔과 핍박과 환란과 가난이 떠나지 않는다는 사실을 알게 됐다. 처음에 나는 내가 무언가를 잘못하고 있는 줄 알았다. 그래서 하나님께 여쭈었다.

'하나님, 제가 뭘 잘못했습니까? 뭘 잘못했기에 이런 어려움이 있습니까?'

주님께서는 말씀으로 응답해주셨다.

내가 너희에게 종이 주인보다 더 크지 못하다 한 말을 기억하라 사람들이 나를 박해하였은즉 너희도 박해할 것이요 요 15:20

무릇 그리스도 예수 안에서 경건하게 살고자 하는 자는 박해를 받으리라 딤후 3:12

그뿐 아니라 창세기 1장부터 요한계시록 22장까지 주님을 위해서 이 땅에서 몸부림치며 살아가는 사람의 기록이 성경이라는 사실을 알게 되었다.

많은 집회에 가서 말씀을 전하고 나면 이런 부탁을 받는다.

"목사님, 우리 아들을 위해 축복기도를 좀 해주세요. 큰 그릇이 될 수 있도록 안수기도를 좀 해주세요. 세계적인 인물이 될 수 있도록 기도해주세요."

큰 그릇이 되면 그 안에 담기는 것은 고난이다. 큰 영광을 위해서는 큰 고난이 있어야 한다고 성경은 말한다.

> 자녀이면 또한 상속자 곧 하나님의 상속자요 그리스도와 함께 한 상속자니 우리가 그와 함께 영광을 받기 위하여 고난도 함께 받아야 할 것이니라 롬 8:17

우리가 주님께 돌리기를 원하는 영광과 주님을 위해서 치르는 희생은 밀접한 관계가 있다. 예를 들어, 한 남자가 한 여인을 얻기 위해서 백만 원의 희생을 치른다면 이 여인의 가치는 백만 원이다. 천만 원의 희생을 치른다면 이 여인의 가치는 천만 원이다. 그런데 만약 한 여인을 얻기 위해서 자기 생명을 버린다면 그 가치는 자신의 생명보다 귀한 것으로 선포된다.

내가 주님의 아름다움을 흠모하고, 하나님을 얻고, 그분을 경험하기 위해서 어떠한 희생을 치르느냐에 따라서 하나님께서 내게 어떤 분이신지가 드러난다. "하나님께 영광을 돌립니다. 하나님을 사랑합니다"라는 우리의 입술의 고백을 하나님은 기쁘게 받으신다. 하지만 하나님께 있어 더 큰 관심은 이것이다.

'오늘 너는 나를 얻기 위해서 어떤 희생을 치렀느냐? 나로 채워지기 위해서 어디까지 내려놓았느냐?'

내가 하나님의 영광이라는 인생의 목적을 위해서 살 때 치르지 않으면 안 되는 대가가 바로 '희생'이다. 내가 먹든지, 마시든지, 무엇을 하든지, 하나님의 영광을 위해서 할 때 반드시 희생이라는 대가가 필요하다.

다니엘리즘

나는 중학교 1학년 때 예수님을 만난 후로 고등학교 3학년 때까지 6년 동안 뜨겁게 주님을 사랑하며 달려갔다. 그렇게 달려가면서 사랑하는 주님께 무엇을 드릴 수 있을까 생각했다. 학생으로서 돈을 벌어서 드릴 수도 없고, 추상적인 것 말고 구체적으로 뭔가 주님을 사랑하는 마음을 표현하고 싶었다. 고심을 하다 '내가 하나님을 사랑하는 방법'을 일곱 가지로 정리했다.

'내가 이러이러한 것을 하면 하나님께서 복을 주실 거다'라고 생각해서 한 것이 아니다. 주님께 사랑을 표현할 구체적인 방법을 생각하다가 나온 거였다. 그렇게 스스로 일곱 가지를 정하고 지켰다.

고등학교를 졸업할 때쯤 학교 신문사에서 후배들이 찾아와 선배로서 후배들에게 남기고픈 말을 해달라는 요청을 해왔다. 친구들이 다 한마디씩 했다. '나를 닮지 마라'부터 시작해서 '좋은 대학에 가라', '열심히 공부해라' 같은 덕담을 남겼다. 또 어떤 친구는 자신의 장래 포부를 밝히기도 했다. 내 차례가 되었는데 아무리 생각해도 마땅한 것이 떠오르지 않았다. 그런데 하나님께서 한 가지 마음을 주셨다.

'다니엘, 네가 중학교 1학년 때부터 고등학교 3학년 때까지 나를 사랑해온 그 모습을 남기고 가라.'

내가 정한 하나님을 사랑하는 일곱 가지 방법이 떠올랐다. 나는 그것을 '다니엘리즘(Danielism)'이라고 불렀다.

첫 번째, 담배를 입에 대지 않겠습니다.
두 번째, 알코올을 입에 대지 않겠습니다.
세 번째, 죽는 한이 있더라도 주일은 교회에 와서 하나님께 예배드리겠습니다.
네 번째, 결혼 전까지 여자를 가까이 하지 않겠습니다.

다섯 번째, 카페인과 설탕을 먹지 않겠습니다.

여섯 번째, 다른 사람을 탓하지 않고, 내가 할 일은 내가 알아서 하겠습니다.

일곱 번째, 항상 머리를 단정히 하겠습니다.

지금까지도 다 지키고 있는데 다섯 번째는 못 지키고 있다. 설탕에 카페인 덩어리인 스타벅스 카라멜 프라프치노를 너무 좋아하기 때문이다(좋아하지만 최대한 먹지 않으려고 한다). 일곱 번째 머리를 단정하게 하겠다는 부분이 특별하게 여겨질 수 있다. 내가 중고등학교를 다니던 때는 힙합 스타일이 엄청난 유행이었다. 특별히 우리 학교는 국제학교였기 때문에 복장과 헤어스타일이 자유였다. 학생들이 상상을 초월하는 헤어스타일을 하고 다녔다. 그때 나는 이런 생각을 했다.

'복음의 수용력을 높이기 위해 내가 어떤 헤어스타일을 해야 할까?'

모범생에게는 다가갈 수 있지만 불량배에게는 다가가지 못하는 헤어스타일은 아니라고 생각했다. 그건 내 안에 있는 복음이 편협하다는 뜻이었다. 불량배에게는 다가갈 수 있지만 학교에서 용납되지 않는 헤어스타일은 크리스천의 도리가 아니었다. 그래서 모든 사람에게 다가갈 수 있는 헤어스타일을 고민한 끝에 지금의 머리 모양을 완성했다.

얼마 후에 학교 신문에 내 글이 실렸다. 후배들은 물론이고, 친구들도 모두 그 글을 보았다. 그런데 거기서 끝이 아니었다. 주님께서는 나의 고백을 흠향하시더니 내가 정말 그렇게 살았다는 걸 사람들 앞에서 증명할 기회를 주셨다.

수학여행 때 생긴 일

졸업반인 우리는 중국 베이징으로 수학여행을 가게 되었다. 수학여행에 가서 관광하고 사진만 찍고 오면 의미가 없으니 보다 의미있게 보내지고 해서 친구들과 콘서트를 준비했다. 만리장성, 천안문 광장, 자금성 같은 곳에서 합창 공연을 하는 것이다.

담당이었던 아마토 선생님은 뉴욕대학교(NYU) 출신에다 능력이 있으신 분이어서 중국 정부에 연락해서 정식으로 공연 허락을 받았다. 그렇게 졸업반이 합창단으로 구성이 돼서 중국에 가서 공연을 했다.

월요일부터 토요일까지 모든 공연을 성공적으로 마치고 토요일 저녁에 '하드락카페 베이징'이라는 프랜차이즈 음식점에 갔다. 드디어 마지막 파티였다. 얼마나 행복했는지 모른다. 다음 날은 일요일이고 자유 시간이었다. 그런 후에 월요일에 일본으로 돌아가면 되었다. 대학도 이미 합격해놓은 상태이고, 고등학교 성적까지 다 나왔으니 졸업식 전 힌 달은 학교만 왔다 갔다 하면 끝이었다. 친구들과 나는 행복을 만끽했다. 음식도 맛있었고, 특별히 그날 카페에 온 라이브 뮤지션이 그 유명한 스팅(Sting, 영국의 유명한 팝스타)이었다. 이보다 더 행복할 수 있을까 싶을 정도로 분위기는 최고였다. 친구들과 신나게 즐기고 있는데 아마토 선생님이 일어나셔서 우리를 주목시켰다.

"여러분, 내일 두 번의 앙코르 공연을 하게 되었습니다!"

그때부터 갈등이 시작됐다.

'내일은 주일이고 교회에 가야 한다. 만약 앙코르 공연에 못 가게 된다면…'

아마토 선생님은 나와 여동생을 가장 아끼고 사랑해주시는 분이었다. 우리도 그 선생님을 굉장히 좋아했다. 여동생은 선생님의 보조 역할로 이 여행에 동참하고 있었다.

'내일 교회에 간다고 하면 선생님한테 미움을 받을 텐데… 하나님의 영광을 위해서 지금까지 달려왔는데 여기까지 와서 미움받고, 욕만 듣고 끝나면 어떡하지?'

두려움이 일어났다. 그러나 잠시 후 내 안에 이미 굳건히 자리한 가치가 생각났다.

'하나님께 좋게 하랴, 사람에게 좋게 하랴? 그래, 인정을 못 받아

도 좋다. 내가 사람에게 좋게 하려 한다면 하나님의 종이 아니다. 지킬 것을 지키자.'

나는 일어나서 선생님께 가서 말했다.

"선생님, 저는 내일 교회에 가야 합니다."

선생님은 내 말을 농담으로 아시고는 웃으며 말씀하셨다.

"하하하! 여기는 중국이야. 교회는 없어. 예배는 네 방에서 드려. 하나님은 방에도 계셔."

"선생님, 처음부터 주일은 아무것도 안 한다고 말씀하셔서 여기까지 오지 않았습니까? 내일 제가 예배드리도록 허락해주십시오."

선생님은 내가 심각하다는 사실을 깨닫고 화를 내셨다.

"야, 여기 교회 없다니까? 방에서 드려! 알았어?"

"부탁입니다."

"내일 공연이야, 안 돼!"

그때 스팅이 연주를 하다가 멈췄다. 역사상 그의 연주를 멈추게 한 건 나밖에 없을 것이다. 친구들이 나를 카페 밖으로 끌고 나갔다. 그리고 마구 욕하며 비난하기 시작했다.

"이래서 내가 크리스천을 싫어해. 꼭 분위기를 망쳐놓는다니까."

"모든 전쟁의 원인이 크리스천 때문이야."

"너만 아니면 네 하나님은 오늘 칭찬받았어. 너 같은 배타적인 기독교 신자 때문에 내가 하나님을 싫어하는 거야."

나는 모든 모욕을 참고 그들의 말을 가만히 듣고 있을 수밖에 없었다. 그런데 안에서는 내 동역자인 여동생이 행동을 개시했다. 오빠가 당하는데 가만히 있을 여동생이 아니었다. 동생은 내가 친구들에게 끌려나가는 것을 보고 벌떡 일어나서 아마토 선생님께 갔다.

"우리 오빠가 선생님을 정말 좋아하는 거 아시지요? 하지만 오빠는 이것만큼은 타협하지 않을 거예요. 오빠에게 예배는 생명이거든요. 그러니까 선생님, 잘 부탁드려요."

30분쯤 후에 선생님이 밖으로 나오시더니 내게 한 마디를 하고 가셨다.

"네 마음대로 해."

지금 생각하면 당시 선생님의 입장에서 나를 최대한 배려해주신 말이었다.

기독교 과격분자

그날 저녁, 나는 고등학교 2학년 때 만든 기도모임에 나오는 친구들을 찾아다녔다.

"내일 교회에 간다. 로비로 10시까지 모여라."

이렇게 말하고 다니면서도 솔직히 두려웠다. 아무도 오지 않을 것 같았다.

'그래도 나와 여동생은 간다.'

이런 다짐을 하고 잠자리에 들었다.

다음 날 약속한 시간에 로비에 내려갔다. 그런데 수십 명이 넘는 아이들이 모여 있는 게 아닌가! 우리는 호텔 안내 데스크에 가까운 교회가 어디 있는지 물어보았다. 중국 정부가 인정하는 삼자교회(三自敎會) 하나를 가르쳐주기에, 쪽지에 발음을 써달라고 부탁했다. 그 쪽지를 들고 수십 명이 택시를 나눠 타고 가야 하는데 외국인이라는 게 알려지면 택시 기사가 엉뚱한 곳으로 데리고 가거나 바가지 요금을 씌울 수 있었다. 어렵게 가는 교회행인데 모든 것이 처음부터 끝까지 다 은혜로워야 했다. 나는 친구들에게 당부했다.

"일본어도 영어도 하지 말고 택시를 타면 중국어로 목적지만 말하고 가만히 앉아 있어라."

택시를 타니까 기사 아저씨가 말했다.

"취나?(어디 가세요?)"

중국어로 목적지만 딱 이야기하자 아저씨도 알아듣고 "하오(좋습니다)" 했다. 교회에 갔다가 오후 3시에 호텔로 돌아왔더니 아마토 선생님은 나와 눈도 마주치지 않으려 했다. 누구보다 친했던 선생님이었는데 그날 이후 한 마디도 나눌 수 없게 되었다. 낮 공연은 갈 수 없었지만 저녁 공연은 성공적으로 마치고 월요일이 되어 일본으로 돌아갔다.

고등학생으로 마지막 한 달을 보내고 드디어 졸업식 날이 되었다. 졸업장을 가지고 나오는데 아마토 선생님이 나를 향해 오시는 게 보였다. 오랜만에 선생님과 마주했다. 선생님은 내게 먼저 악수를 청했다. 두렵고 떨리는 마음으로 선생님의 손을 잡는 순간, 선생님이 나를 확 끌어당기시더니 조용히 말했다.

"그날… 너를 죽이고 싶었다."

그러더니 이어 말씀하셨다.

"하지만 그날 네가 타협했다면 오늘만큼 내가 너를 존경하지는 않았을 거야."

그 수학여행 이후로 우리 학교에서 주일에 하는 모든 행사가 없어졌다. 이를 통해 나는 깨달았다. 세상은 오히려 과격하게 하나님을 사랑하고, 과격하게 하나님을 두려워하고, 과격하게 세상을 섬기는 기독교 과격분자들을 기다리고 있다는 것을…. 위대한 설교자인 찰스 스펄전(C. H. Spurgeon)은 이런 말을 남겼다.

"주님, 제 몸 속에 주님을 위해서 찢어지기를 싫어하는 살이 한 점이라도 있으면 그것을 찢어내주시옵고, 제 몸 속에 흐르는 피 중에 주님을 위해서 흘려지기를 싫어하는 피가 한 방울이라도 있으면 다 쏟아내어주시기를 원합니다. 나는 주의 것입니다."

신학자인 토마스 아 켐피스(Thomas a Kempis)도 이런 말을 했다.

"하늘나라를 사랑하는 자는 많으나 예수님의 십자가를 지고 그

분을 좇아가는 자는 적으며, 위안을 고대하는 자는 많으나 괴로움을 갈망하는 자는 소수에 불과하다. 그분의 잔치에 동참하려는 자는 허다하나 금식에 함께할 자는 적다. 모든 이가 그분의 즐거움에 참예하고 싶어는 하지만 그분을 위해 어떤 고난이라도 기꺼이 받으려는 자는 극히 드물다. 떡을 떼는 데까지 예수님을 따르는 자는 많으나 고난의 잔을 마시는 데까지 이르는 자는 소수다. 그분의 기적을 경외하는 자는 많으나 십자가의 치욕에까지 그분을 따라가는 자는 소수에 불과하다."

하나님께서 원하시는 것은 지식이나 은사가 많은 사람이 아니다. 사람의 눈이 아닌 오직 하나님의 눈을 두려워하는 올곧은 사람, 주님만이 나의 구원이시고 도움이시며 생명이심을 알고 하나님만을 붙드는 타협 없는 믿음을 가진 사람을 원하신다. 그런 자가 가는 길은 넓은 길이 아니다. 사람들이 많이 가지 않는 길, 좁은 길이다.

주님만 의지할 수 있는 곳으로

나는 어릴 때부터 세 가지 꿈이 있었다. 하나는 대통령이 되어서 나라를 바꾸는 것이었고, 또 하나는 장군이 되는 것이었다. 그리고 세 번째는 목사가 되는 것이었다. 그러다 중학교 1학년 때 인격적으로 예수님을 만나고 얼마 후, 우리 교회 철야예배 때 목사님의 말씀을 듣고 가슴이 뜨거워진 나는 교회 문을 박차고 나오면서 어머니께 이렇게 외쳤다.

"엄마! 저는 목사님이 될래요. 이 세상 모든 사람들은 자기를 위해 살지만 목사님은 남을 위해 살잖아요."

고등학생이 되고 시간이 지나면서 진로를 위해 많이 생각하면서 기도를 했다.

'하나님, 제가 중학교 1학년 때 예수님을 경험하고, 지금까지 하나님 한 분만을 위해서, 하나님의 불꽃 같은 눈동자에 합격하기 위해서 얼마나 열심히 살았는지 모르겠습니다. 이제 대학교에 가야 하는데 4년을 그냥 보내기 싫습니다. 하나님을 가장 많이 경험할 수 있는 곳으로 보내주세요.'

하루는 어떤 분이 "등 따시고 배부르면 하나님을 경험할 수가 없어"라고 말한 것이 내 마음속에 깊이 들어왔다. 그래서 나는 기도했다.

'하나님, 제가 처절하게 깨질 수 있는 학교로 보내주세요. 제가 제 한계를 못 넘기고 '주여' 하고 불렀을 때 주님께서 저를 건지시는 손길을 경험할 수 있는 곳, 정말 힘들어서 하나님을 의지할 수밖에 없는 곳으로요.'

사실 나는 사관학교에 가려는 생각이 전부터 있었다. 어릴 때 꿈인 장군이 되는 것은 포기했지만, 군인의 삶을 한번 살아보고 싶었다. 일개 한 나라를 지키는 장군도 엄청난 훈련을 받는데 하나님나라의 군사인 내가 그 정도의 훈련을 받아야 하지 않을까 생각했다.

고민하고 있는 내게 어머니께서 이런 말을 해주셨다.

"하나님께서 누군가를 쓰실 때 그냥 쓰시지 않아. 사람이 변화되려면 많은 고난과 훈련의 과정을 거쳐야 해. 거기에는 두 가지 길이 있어. 하나는 스스로 선택해서 가는 길이고, 하나는 하나님께서 시키셔서 가는 길이야. 하나님께서 시키시는 길은 굉장히 고통스럽고, 정해놓으신 기일이 차기까지 끝나지 않아. 그 과정을 통과하고 나면 많은 경우 상처투성이로 나올 때가 있지. 하지만 네가 자진해서 가면 힘들지만 정해진 기일이 있고, 많이 아프지만 하나님 손 안에 있는 아픔이고, 훗날 명예롭게 나올 수 있어. 넌 어느 쪽을 선택할래? 지혜로운 사람이 될래, 어리석은 사람이 될래?"

내 대답은 명확했다.

"지혜로운 사람이 되겠습니다."

"그래, 그러면 사관학교에 가."

나는 오직 하나님을 얻고자 하는 멋진 이유로 사관학교에 갔다.

그러나 입학 첫날, 괜히 왔다는 생각이 들었다. 신입생 한 명을 차렷 자세로 세워놓고 다섯 명의 선배들이 앞뒤 양옆에 붙어서 마구 소리를 질러댔다. 얼굴에 침을 뱉고, 머리에다 물을 끼얹고, 때리고, 손톱으로 등을 긁기도 했다. 소리를 하도 질러서 정신이 없는 와중에 그들에게서 들은 첫 마디가 이것이었다.

"이 더러운 동양 놈아, 너희 나라로 돌아가라."

"검은 눈동자, 검은 머리카락에 이 더러운 놈아, 너를 이 학교에서는 용납할 수 없어."

"160년 전통이 있는 이 학교에서 너 같은 동양 놈을 졸업시킬 수는 없어. 네 발로 이 학교에서 나간다면 지금 보내줄게. 하지만 안 나간다면 우리는 네가 나갈 때까지 밤마다 네 방으로 찾아갈 거야."

이것이 나를 향한 입학식이었다.

그리고 선배들은 매우 신실하게 자신들의 약속을 지켰다. 매일 새벽 세 시가 되면 "뻥" 소리와 함께 방문이 열리고 선배들이 들이닥쳤다. 그들은 2층 침대에서 자고 있다가 깜짝 놀라 내려오려는 나를 잡아서 바닥에 떨어뜨렸다. 내가 바닥에 "퉁" 하고 떨어져서 "윽" 하고 있으면 발로 밟기 시작했다. 그리고 팔굽혀펴기를 시켰다. 그 새벽에 팔십 개까지 하면 팔이 부들부들 떨렸다.

"왜? 삼두근이 지쳤어? 그럼 이두근 운동을 해야겠군."

이어서 턱걸이를 시키는데 방 안에 철봉이 없으니 옷장 모서리를 겨우 잡고 시작한다.

"네가 어디까지 하나 보자."

선배들은 벨트 버클 뽑아서 내 입에 넣고, 창문 닦을 때 쓰는 파

'하나님, 제가 처절하게 깨질 수 있는 학교로 보내주세요.
정말 힘들어서 하나님을 의지할 수밖에 없는 곳으로요.'

란 액체 세정제를 얼굴에 뿌린다. 자기네들이 피던 담배를 내 총구에다 쑤셔 넣고, 다음 날 신으려고 닦아놓은 신발 세 켤레를 모조리 밟고, 침대보를 다 뒤집어놓고 돌아간다. 그들이 가고 나서 시계를 보면 새벽 네 시다.

나는 다시 신발을 닦고, 침대보를 바르게 개고, 유니폼을 다리고, 다섯 시쯤 잠자리에 든다. 30분 정도 잤을까 싶으면 어김없이 기상나팔 소리가 들린다. 일어나서 제복을 입고 집합하면 복장 검사가 시작된다. 선배들이 신발과 유니폼과 벨트, 머리 모양과 면도 상태, 손톱과 입 냄새까지 확인한다.

거기서 통과한 사람만 대대별, 중대별로 행진해서 학교 식당으로 들어간다. 식당에는 각자 지정석이 있다. 2천 명의 생도들이 다 식당에 들어올 때까지 자기 자리 앞에 서 있다가 마지막 생도가 들어옴과 동시에 문을 닫는다. 2천 명이 아무 소리 없이 자기 자리 앞에 서 있으면 강단 위로 계급이 높은 생도 한 명이 올라가 말한다.

"종교대장님이 올라오셔서 식사를 위해 기도해주시겠습니다."

그럼 생도 중 종교대장(Religious Officer)이 올라와서 기도를 한다.

"다 같이 머리 숙여서 기도하겠습니다."

이 한 마디에 2천 명이 동시에 "슉" 하고 머리를 숙인다.

"하나님, 이 생도들이 잘 견디게 해주시고, 힘들지만 위로해주시고, 끝까지 살아남게 해주세요. 예수님의 이름으로 기도합니다.

아멘."

"쉬어!"

이 말과 동시에 식사 전쟁이 시작된다.

전쟁 같은 일과

식탁에 앉는 것도 방식이 있다. 한 탁자에 1학년 둘과 2학년 둘이 마주보고 앉고, 바로 옆에 3학년이 마주보고 앉고, 4학년 한 명이 끝에 앉는다. 1학년들은 앉자마자 선배들 앞에 있는 샐러드부터 시작해서 접시, 포크 등을 깨끗하게 치워야 한다. 한 사람이 그걸 하고 있는 사이, 맞은편에 있는 1학년은 선배님들의 계급, 나이, 이름의 알파벳 순서대로 컵에다 음료수를 채워야 한다. 이들이 각각 뭘 마시는지 당연히 외우고 있어야 한다. 그리고 선배가 음료수를 다 마시고 컵을 탁자에 내려놓으면 그땐 끝이다. 음료수가 반 이하로 떨어지기 전에 리필을 해드려야 한다. 안 그러면 화가 난 선배가 일어나 남은 음료수를 통째로 1학년 머리에 붓거나 얼굴에다 끼얹어버린다.

그러면서 식사가 나올 때가 된다. 각자 접시 옆으로 나이프와 포크를 놓고, 스푼은 아래쪽에 가로로 뒤집어놓고 차렷 자세로 앉는다. 먹는 방식도 정해져 있다. 예를 들어 햄버거가 나오면 일단 나이프로 한 번 썰고, 다시 차렷 자세를 한다. 다시 포크로 음식을 집어 입에다 넣고, 차렷 자세로 원위치. 그리고 딱 세 번 씹는다. 한번은 질긴 돼지고기가 나와서 네 번째 씹으려고 하는데 중대장님이 칼을 내 목에다 대면서 말했다.

"한 번만 더 씹어봐. 어떻게 되나."

세 번만 씹는 이유가 있다. 빨리 먹되 남하고 대화하면서 먹을 수 있는 방법을 훈련하기 위해서다. 네 번 이상 씹어야 될 양이 입에 들어가면 내가 그 음식을 다 씹고 삼킬 때까지 나와 대화하던 이를 기다리게 할 수밖에 없는데, 그건 신사의 도리가 아니기 때문이다.

거기서 끝이 아니다. 선배들의 질문이 시작된다.

"오늘 신문 일면 머리기사가 뭐냐?"

"어제 LA 레이커스하고 시카고 불스하고 몇 대 몇으로 누가 이겼냐?"

그래서 신문 주요 기사는 다 외우고 있어야 한다. 만약 대답하지 못하면 각종 소스통과 포크와 나이프와 접시가 날아온다. 화를 못 이기는 선배들은 괴성을 지르면서 식탁 전체를 엎어버린다. 그렇게 하루 세 번, 티끌 하나 없는 옷으로 식당에 가서 식사를 마치고 기숙사로 올 때는 케첩과 마요네즈를 흠뻑 뒤집어쓴 채로 돌아온다.

식사를 마치고 기숙사로 돌아와 3층, 4층 방으로 올라가려면 선배들에게 계단 사용 허락을 받아야 한다. 1학년은 선배들과 눈을 맞추면 안 되기 때문에 재빨리 눈으로 계단 위에 어떤 선배들이 있는지 사진을 찍는다. 그리고 계급과 학년과 나이와 이름의 알파벳 순으로 선배들을 부른 뒤에 계단을 사용해도 되는지 물어본다.

"아무개 선배님, 저는 아무개인데 당신의 계단을 이용해도 되겠습니까?"

이렇게 방으로 올라가서 유니폼을 갈아입고, 신발을 갈아 신고 수업을 들으러 간다.

수업을 마치면 훈련을 위한 워밍업이 시작된다. 'sweat party'라고 말 그대로 '땀 흘리는 파티'다. 내가 다닌 사관학교는 미국 사우스캐롤라이나주 찰스턴이란 곳에 있는데 한여름 날씨가 섭씨 40도에 습도는 100퍼센트에 육박한다. 문 열고 나가면 사우나에 들어간 느낌이다. 유니폼만 입고 있어도 땀이 나는데 1학년은 점퍼에 목도리까지 하고 그 위에 장교들이 입는 롱코트에 비옷을 입고, 장갑과 모자까지 착용하게 한다. 그런 후에 샤워실에 한 중대당 30명 되는 1학년들을 밀어 넣고 뜨거운 물을 틀어놓는다.

30분 동안 쓰러질 사람은 쓰러지고, 토할 사람은 토하고 나면 체육복으로 갈아입고 뛰게 한다. 10킬로미터, 20킬로미터를 돌면 또 토하고 쓰러진다. 다시 기숙사로 돌아와 샤워 가운으로 갈아입는다. 샤워 가운을 입는 것도 법칙이 있다. 심지어 수건과 비누를 가지고 가는 것, 수건을 들고 뛰어가는 방법도 정해져 있다. 그렇게 학교 샤워장으로 가면 샤워기 하나당 선배 한 사람이 서서 열까지 숫자를 센다. 다 세고 나면 거품이 남아 있어도 수건으로 닦고 다시 유니폼을 갈아입고 집합해야 한다.

일곱 시가 되면 공부 시작을 알리는 나팔소리가 울린다. 의무적으로 책상 앞에 일곱 시부터 밤 열한 시까지 앉아서 공부를 한다. 열한 시가 되면 나팔이 울리고 불이 꺼진다. 그러면 책상 앞에 있는 조그마한 불을 켜놓고 혼자서 공부하다가 잠깐 잠이 든다. 그러다 새벽 세 시가 되면 거칠게 열리는 문소리와 함께 또 하루가 시작된다.

한 번은 훈련을 받다가 쓰러졌는데 깨고 보니 병원이었다. 그날따라 병원에는 의사와 간호사 그리고 환자는 나밖에 없었다. 하얀 침대보를 싼 침대만 열댓 개가 나란히 놓인 병실을 보며 이런 생각이 들었다.

'혹시 여기가 정신병원인가?'

천사 같은 선배

사관학교의 훈련이 육체적으로 피곤한 건 사실이지만 그게 힘들지는 않았다. 내가 가장 힘들었던 건 처절한 외로움과의 싸움이었다. 다른 친구들은 힘든 생활 속에서도 낙이 있었다.

'하루만 더 견디자. 그러면 여자 친구를 보러 갈 수 있어.'

'조금만 견디면 부모님이 계신 집에 갈 수 있어.'

그러나 나는 낙이 없었다.

'하루만 더 견뎌봤자, 아무것도 없구나.'

금요일이면 거의 모든 학생들이 집으로 돌아간다. 그러나 갈 곳이 없는 나는 혼자서 양손으로 책상을 붙들고 가만히 앉아 있었다. 외로움을 겪어본 사람들은 이럴 때 느낌을 알 것이다. 바늘을 한 주먹 쥔 손으로 가슴을 치는 것 같은 느낌. 어느새 눈물이 쏟아진다. 금요일부터 주일까지 3일을 혼자 기숙사 방에서 보냈다. 휴가 때는 학생들을 기숙사에서 쫓아냈는데 나는 갈 곳이 없어서 문 앞에 가만히 앉아 있기도 했다.

외롭고 힘들게 지내던 어느 날, 길을 가는데 한 선배가 맞은편 건물에서 나왔다. 멀리서 누군가 나를 보는 듯한 시선에 깜짝 놀라 나는 더 빨리 걸었다. 그런데도 그는 계속 나를 쫓아왔다. 규율상 1학년들은 뛸 수 없고, 대신 1분에 120보를 걸어야 한다(느린 걸음이 아니다). 그런데 그 선배가 뛰어오는 게 느껴졌다. 나는 더 열심히 걷는데 선배는 자기가 뛰기 싫으니까 "Hold!(정지)" 하고 소리쳤다.

나는 그 자리에 딱 멈춰 섰다. 선배가 뚜벅뚜벅 걸어오더니 내 뒤에 섰다. 선배와는 눈을 마주치면 안 되었기에 나는 뒤를 돌아볼 수 없어서 앞만 보고 있었다. 가슴이 쿵쾅쿵쾅 뛰었다.

'또 어떻게 못살게 굴려고 세웠을까? 주님 도와주세요.'

그런데 선배가 생각지도 않은 말을 했다.

"너는 어디서 왔냐?"

나는 당황해서 말을 더듬으며 말했다.

"저는… 한국 사람인데, 일본에서 컸고 국제학교에 다니다가 여기까지 오게 됐습니다."

내 말을 듣고 난 선배가 말했다.

"오, 복잡하구나."

그러더니 말했다.

"그럼, 많이 외롭겠구나?"

이 한 마디에 눈물이 왈칵 솟았다. 거기까지만 해도 더 울지 않았을 텐데, 선배가 한 마디를 더 했다.

"그래, 내가 안다."

그 순간, 봇물 터지듯 내 눈에서는 뜨거운 눈물이 흘렀다. 마침 내리던 비가 눈물과 함께 떨어졌다.

"힘들면 내 방으로 와라. 집에서 편지는 자주 오니? 선배들이 많이 힘들게 하지? 외국인에게 좀 그래. 이 고비만 넘어가면 끝이야. 이번 휴가 때 어디 가니? 내가 자동차로 태워다 줄 테니 원하는 곳 있으면 얘기해."

'아! 내가 힘들어하니까 하나님께서 천사를 보내주셨구나.'

나는 그가 누군지 알고 싶었다. 그가 내 앞으로 지나가는 사이

가슴 위에 있는 이름표를 보려고 했다. 그런데 이름 대신 이름표 위에 있는 십자가가 보였다. 그는 종교대장이었다. 학교 식당에서, 강단에서 항상 기도하는 그 목소리의 주인공! 하늘에서 광선이 떨어지고, 그의 뒤에서 날개가 펼쳐지는 것처럼 보였다. 그 자리에서 기도가 나왔다.

'하나님, 저 분과 같이 종교대장이 되게 해주세요.'

선배가 안개 속으로 사라지고 뒤를 돌아보니 학교 채플(교회)이 보였다. 그때부터 그곳을 찾아가기 시작했다. 고등학생 때 하루 세 번씩 화장실에서 기도했던 것처럼 채플에서 기도하기 시작했다. 그곳은 160년 된 유서 깊은 건물로 두꺼운 나무 문을 열고 들어갈 때의 "삐거덕" 하는 소리와 그 느낌이 아직도 생생히 기억난다. 문을 열고 들어가면 하나님께서 마치 기다리셨다는 듯이 그분의 날개를 펴고 나를 맞아주셨다. 그분의 날개 아래로 나를 감추시는데 어떤 선배도, 어떤 생도도 나를 건드릴 수 없는 도피성이었다.

바짝 긴장하고 있다가 채플 문을 열고 들어가는 동시에 온몸에 힘이 쭉 빠지면서 털썩 주저앉고 말았다. 무릎에 힘이 빠져 기어서 통로를 따라 맨 앞자리로 가서 기도했다. '살아계신 하나님 아버지'로 시작하는 거창한 기도가 아니었다. 여태까지 당한 것, 한 맺힌 것, 답답한 것이 다 모아져서 한 마디로 흘러나왔다.

"아버지!"

이 한 마디가 터져나오는 1초 사이에 하나님과 나만 아는 수천 마디가 왔다 갔다 하는 신기한 경험을 했다.

'내가 너를 사랑한다. 괜찮아. 조금만 더 견뎌. 넘어갈 거야. 할 수 있어. 조금만 더 기다려.'

'네, 하나님! 또 해보겠습니다.'

다시 해보겠다고 하고 일어나서 문을 열었다. 내 눈 앞에 기숙사가 보였다. 나는 그때부터 기숙사를 돌아다니며 복음을 전하기 시작했다.

"아무개 선배님, 저는 다니엘이라고 합니다. 당신의 방에 들어가도 되겠습니까?"

"들어와."

각 방마다 다니면서 전도하는데 많은 날은 하루에 열여섯 명이 예수님을 믿고 돌아오기도 했다. 대대 안에서 결실이 맺어지니까 성경공부가 시작됐다. 수요일 저녁 9시에 생도들이 방으로 모였다.

절망 중 만난 하나님

간단히 요약했지만 견디기 힘든 순간들이 정말 많았다. 입학할 때 내 동기생들이 630명이었는데 입학 첫날에 70명이 나갔다. 입학식 다음 날 아침에 자고 일어나니까 룸메이트가 보이지 않았다. 알고 보니 밤에 택시를 불러서 도망갔다고 했다.

실은 나도 1학년 때 두 번, 2학년 때 한 번 짐을 쌌다. 웬만한 건 견딜 만했지만 인종차별만큼은 견디기 힘들었다. 찰스턴은 그 옛날 아프리카 노예를 실은 배가 도착했던 항구로 미국에서 노예시장(Slave Market)으로 가장 유명했던 곳이다. 노예를 사고 팔던 그 시장이 역사 유적으로 남아 있다. 노예 해방을 반대해서 남북전쟁을 시작한 곳이 내가 다니던 사관학교이니 오죽할까.

한번은 이런 일이 있었다. 백인 남자 두 명이 자동차를 타고 가다가 아무 이유 없이 길 가던 흑인 남자를 잡아서 밧줄로 발을 묶고 자동차에 매달고 20킬로미터를 달렸다. 흑인 남자는 길에 얼굴이 쓸릴 대로 쓸려서 신원을 알아볼 수가 없을 정도였다. 아직도 이런 살인 사건이 일어나는 곳이 미국 남부다.

내가 식당에서 밥을 먹고 있으면 선배들이 와서 포크와 나이프를 빼서 던지면서 말했다.

"너는 동양 놈이니까 포크하고 나이프로 밥을 먹을 권리가 없어."

나는 1학년 내내 뜨거운 음식도 손으로 먹어야 했다. 자존심이 상하고 이건 아니라는 생각이 들었다. 학교를 그만두려고 밤에 짐을 싸놓고, 잠자리에 들기 전에 기도했다.

'하나님, 내일 해가 뜨면 저는 갑니다. 여기까지 견뎠으면 많이 견딘 거죠. 저를 탓하지 마세요, 여기까지가 제 한계입니다. 용서해

주세요.'

얼마쯤 지났을까. 자고 있는데 사이렌 소리에 깼다.

"전교생 집합!"

내려가봤더니 선배들도 영문을 모르고 있었다.

"무슨 일이야? 왜 그래?"

1학년들부터 다 서 있는데 연대장님이 말씀하셨다.

"지금 엄청난 태풍이 이곳으로 오고 있다. 도망가라."

생도들이 우왕좌왕하는 사이, 이미 짐을 싸놓았던 나는 곧장 버스를 타고 노스캐롤라이나주 산 속으로 도망갔다. 태풍이 오기 전에 대피해야 해서 해도 뜨기 전에 출발했다. 보통 자동차로 5시간이면 가는 거리를 버스를 타고 15시간 넘게 걸려서 목적지에 도착했다. 숙소에 들어가자마자 생도복을 입은 채로 침대 위에 쓰러져 잠들었다. 오후 2시쯤 잠이 들었다가 갑자기 눈이 확 떠져서 일어났는데 캄캄했다. 창밖을 보니 저녁 노을이 지고 있었다. 왠지 모를 서러움이 밀려왔다.

'내가 여기서 죽는다 한들 아무도 모르겠구나.'

그 순간 하나님의 음성이 들려왔다.

'네가 많이 피곤하구나. 갈 길이 먼데, 이기지 못할까 싶다. 이 기회를 통해서 먹고 자고 쉰 다음에 새 힘을 가지고 다시 한번 나를 섬거줄 수 있겠니?'

그때 하나님께서 찾아오셨던 느낌이 잊히지 않는다. 그 깊은 산속, 내 몸이 시체가 되어 썩어 냄새가 날 때까지도 다른 사람들은 모를 터였다. 아무도 없는 그곳에 하나님께서 나를 찾아오셨다. 오셔서 나를 정죄하거나 책망하지 않으셨다. '네가 왜 깨어 있지 못하냐? 네가 왜 끝까지 견디지 못하냐?' 하는 음성이 아니었다. 엘리야에게 찾아오신 하나님이 내게도 오셨다.

여호와의 천사가 또 다시 와서 어루만지며 이르되 일어나 먹으라 네가 갈 길을 다 가지 못할까 하노라 하는지라 이에 일어나 먹고 마시고 그 음식물의 힘을 의지하여 사십 주 사십 야를 가서 하나님의 산 호렙에 이르니라 왕상 19:7,8

또한 다윗의 고백이 바로 나의 고백이었다.

내가 새벽 날개를 치며 바다 끝에 가서 거주할지라도 거기서도 주의 손이 나를 인도하시며 주의 오른손이 나를 붙드시리이다 시 139:9,10

일주일 휴가 기간 동안 먹고, 자고 쉬면서 회복이 되어갔다. 나는 새 힘을 얻고 다시 학교로 돌아가 전도하고 공부하고 훈련했다.

종교대장이 되다

시간이 흘러 3학년 마지막 날이 왔다. 그날은 학교에서 중요한 면접이 있었다. 4학년이 되는 생도들 중에서 종교대장으로 섬길 한 사람을 뽑는 날이었다. 내가 3년을 벼르고 기다린 날이기도 했다. 1학년 때 나를 위로해준 종교대장, 그가 "외롭겠구나" 하는 말과 함께 눈물과 비가 섞여서 떨어지던 잊지 못할 순간, 그때 봤던 나의 영웅인 종교대장이 되는 꿈을 이룰 그날이 온 것이다.

나는 살 다린 제복을 입고 신발을 닦고, 훈장을 달고, 면접에 갔다. 나 말고도 종교대장에게 영향을 받은 사람들이 꽤 있었던 모양인지, 서른 명이 넘는 생도들이 와 있었다. 면접은 여러 명이 한꺼번에 들어가는 게 아니라 한 사람씩 들어갔다.

"똑똑똑."

"들어와."

문을 열고 들어가서 경례를 한다. 학교 총장이신 장군님, 대령님, 역대 종교대장님이 앉아 계시고 책상 위에는 지원자의 이력서가 쌓여 있다. 학교 성적, 체력장 성적, 상벌 내역 등 한 사람씩 면접이 시작됐다. 친구들이 한 명씩 낙심한 표정으로 돌아가고 드디어 내 차례가 됐다.

"앉아."

"학교 성적도 괜찮고, 체력장도 성적 괜찮고, 벌 받은 거 없고…."

체력장 성적이 좋을 수밖에 없었다. 매일 밤 선배들이 시키는 체력훈련으로 단련이 돼 있었기 때문이다.

"다른 질문은 없습니까?"

'이제 됐구나' 싶었는데, 누군가 손을 들었다.

"저 질문 있습니다."

그해 종교대장이었다.

"당신이 남과 비교해서 특별한 게 뭔가요?"

그러니까 '왜 너한테 종교대장의 자리를 줘야 하냐?'라는 질문이었다. 지극히 당연한 말이라 "아멘"이라고 할 뻔했다.

우리 학교는 160년 역사를 가진 사관학교로 자부심이 하늘을 찔렀다. 증조할아버지, 할아버지, 아버지에 이어 자신까지 4대째 생도인 학생들도 있었고, 할아버지가 남북전쟁에서 쓰던 칼을 장교 때 자기가 차보는 게 꿈이라며 온 사람도 있었다. 나는 그런 집안 출신도 아니고, 백인도 아니고 내세울 게 하나도 없었다.

대답을 해야 하는 순간, 지난 3년 동안의 일들이 사진처럼 찍히며 내 앞을 스쳐 지나갔다. 첫 번째 장면은 금요일 기숙사 방에서 두 손으로 책상을 잡고 외로움에 부들부들 떨며 앉아 있는 모습이었다. 그 다음은 새벽 세 시에 공항에 내렸는데 마중 나온 사람이 없어 혼자 세 시간을 걸어 공원에서 자는 모습, 병원에서 의식을 찾았는데 아무도 병문안을 오지 않아서 가만히 앉아 있던 모습, 학교로 돌아가기 싫은데 갈 곳이 없어서 버스 정류장에 멍 하니 앉아 있는 모습이었다. 그러는 사이 내 입에서 대답이 나왔다.

"맞습니다. 저는 특별한 것이 없습니다. 남들하고 비교해서 잘난 것도 없습니다. 하지만 저는 지난 3년 동안 모두가 나간 후 기숙사에 남아 있었습니다. 제가 잘할 수 있는 것이 있습니다. 저는 종교대장이 되어서도 금요일에 기숙사를 지킬 수 있습니다. 그리고 소외된 사람을 찾아보겠습니다. 그건 잘할 수 있습니다."

내가 말해놓고노 얼마나 위로가 되는지 눈물이 났다. 그런 나에게 장군님이 티슈를 건네시며 "이거 가지고 울어" 하시는데, 더 눈물이 나서 흑흑거리다 면접이 끝났다.

"나가봐."

나는 장군님이 주신 티슈통을 들고 일어났다. 솔직히 남자들 세상에서 우는 건 창피한 일이다. 그런데 하나님의 은혜로 가장 좋은 성적을 받고 종교대장으로 임명되었다.

종교대장이 되니까 어깨에서부터 손목까지 금색 줄로 도배를 했다. 가슴에 십자가를 달고 양팔에도 십자가가 있으니 홍해가 열리고, 날개를 단 느낌이었다. 2, 3학년이 1학년을 방에 데리고 가서 마구 때리고 있으면 내가 방문을 열고 들어간다.

"여기 왜 그래? 무슨 일이야?"

2, 3학년들은 마치 흡혈귀가 십자가 본 것처럼 "으악" 하고 소리친다. 그러면 나는 유유히 1학년들을 구출해낸다.

그리고 내가 가장 싫어했던 장소인 식당으로 갔다. 모든 생도가 조용히 자기 자리 앞에 서 있다. 마지막 생도가 들어오고 문이 닫히자 계급이 높은 생도 한 명이 올라가서 말했다.

"종교대장님이 올라오셔서 식사를 위해서 기도해주시겠습니다."

신입 종교대장인 내가 올라갔다.

"다 같이 머리 숙여 기도하겠습니다."

내 입에서 이 말이 떨어지는 순간, 2천 명이 동시에 머리를 숙이는 모습에 깜짝 놀랐다. 그 순간을 좀 즐기려고 잠시 보고 있다가 정신을 차리고 기도를 했다.

식당은 내게 가장 수치스러운 장소이자 아골 골짜기였다. 그러나 하나님은 내 아픔이 변하여 기쁨의 옷이 되게 하시고, 내 원수의 목전에서 내게 상을 베푸시며, 기름으로 내 머리에 바르시고, 내 잔이 넘치게 하시는 분이셨다.

식사가 끝나면 내가 전도한 학생들에게 남은 빵 조각들을 거둬오게 했다. 그리고 땅콩버터와 잼 남은 것을 빵에 발라 나누어주고 기숙사로 파송한다. 1학년들이 기숙사 방에 들어가기 위해서 계단 밑에서 계단 사용 허가를 받기 위해 서 있을 동안 내가 파송한 친구들이 1학년 방에 빵과 우유를 놓고 나온다. 그거라도 먹고 힘든 생활을 견디라는 응원을 담아서.

금요일이 되면 나는 기숙사를 돌아본다. 사람이 있을 만한 방들을 열어보면 역시나 두 손으로 책상을 붙잡고 울고 있는 생도들이 있다. 그럼 가서 말을 건다.

"너는 어디서 왔냐?"

"Sir, China, sir!(중국에서 왔습니다!)"

"그럼, 많이 외롭겠구나?"

그 친구가 눈물을 흘린다.

"그래, 그 마음 내가 잘 안다."

이러면서 주말 동안 기숙사를 돌아다녔다.

행군을 할 때도 다른 선배들은 중간 지점에 서 있으면서 말한다.

"뛰어, 더 뛰라고!"

종교대장인 나는 1학년들과 처음부터 끝까지 같이 뛰었다. 그러다 누군가 쓰러지면 업고 뛰었다. 팔굽혀펴기도 같이 했다. 그게 종교대장의 역할이라고 생각했다. 성령님께서 우리를 그렇게 대하신다. '너, 똑바로 살아'가 아니라 '같이 뛰자. 네가 힘들면 내가 업고 뛸게'라고 하신다.

하루는 전화가 울려서 받아보니 한 흑인 학생이 훈련을 받다가 쓰러졌다는 것이었다. 흑인이라 아무도 병문안을 가지 않을 것 같아 내가 갔다. 역시 아무도 없었고, 그 학생은 호흡기를 끼고 혼자 누워 있었다. 나는 그 친구의 손을 잡고 밤새도록 기도했다. 아마 그 친구는 내가 있었는지조차 몰랐을 것이다. 그날 하나님께 약속했다.

'하나님, 이 학교 학생 중 누구도 '저는 복음을 들어본 적 없습니다. 그러니 하나님께서 저를 판단하실 자격이 없습니다'라는 말을 못하도록 종교대장인 제가 1년 동안 모든 생도들이 한 번은 복음을 들을 수 있는 기회를 주겠습니다.'

나는 1학년부터 3학년까지 믿는 생도들과 방마다 찾아다니며 복음을 전했다. 그러다보니 1학년부터 3학년까지 한 대대에서 일주일에 한 번 있던 성경공부 모임이 중대에 하나씩 생기면서, 대대에 네 개의 성경공부가 동시에 이루어졌다. 리더들을 뽑아서 훈련하고 파송하면, 다시 중대에서 똑같이 하면서 그 수가 늘어갔다.

하나님께 드린 졸업장

하루는 한 동기생 친구에게서 전화가 왔다.

"무슨 일이야?"

"나 자살하려고."

"뭐?"

"그런데 너하고 한번 얘기해보고 하려고."

부담이 확 밀려왔다. 전화를 끊자마자 그의 방으로 갔다. 그는 졸업을 일주일 남겨두고 퇴학을 당하게 되었다고 했다. 이유를 들어보니 별일도 아니었다.

미국이나 대한민국이나 사관학교는 'Honor Code(명예 규율)'라는 것이 백퍼센트 준행되고 있다.

"생도는 거짓말하지 않고, 속이지 않고, 남의 것을 훔치지 않고, 그런 짓을 하는 사람을 봐주지도 않는다(A cadet does not lie, cheat or steal, nor tolerate those who do)."

거짓말하면 무조건 퇴학이다. 예를 들어 학교 기숙사에서 외출을 나올 때 "몇 시부터 몇 시까지 맥도날드에 다녀오겠습니다"라고 말하고 서명하고 나와서 맥도날드에 안 가고 롯데리아에 가면 퇴학이다. 그 친구가 그랬다. 맥도날드 간다고 서명하고 나갔는데 그 옆에 있는 여자 친구 집에 맥도날드 햄버거를 배달해주러 가다가 퇴학을 당하게 된 것이다. 참담한 표정으로 그 친구가 말했다.

"인생이 무너져내리는 것 같아. 죽고 싶어."

나는 딱히 해줄 말이 없었다. 친구에게 복음을 전하고, "예수님은 너를 버리지 않는다"라고 말해주었다. 그리고 하룻밤을 같이 있어주었다. 친구는 다음 날 제복을 벗어서 개켜놓고, 졸업 반지를 빼놓고 학교를 떠나면서 내게 말했다.

"고마워, 나 퇴학은 당하지만 자살은 안 할게."

드디어 영광스런 졸업식 날이 왔다. 정말 힘들고 고통스러운 여정이었다. 나를 포함해 630명이 입학했는데 졸업은 300명밖에 하지 못했다. 졸업장은 독특하게도 양가죽으로 만든 두루마리로 되어 있었다. 졸업장을 들고 의자 위에 올라가서 "자유다!"라고 외치는 생도도 있었다. 모든 졸업생들이 감격스럽지 않을 수 없었다.

그러나 나는 졸업장을 쥔 손을 펴지 않고 졸업식이 끝날 때까지 기다렸다. 그리고 식이 끝나자마자 하루에 세 번씩 하나님께서 나를 만나주셨던 채플로 뛰어갔다. 예배당 문을 여니까 그날도 어김없이 하나님께서 나를 그분의 날개 아래로 감추셨다.

'하나님, 드디어 마지막이군요. 이 졸업장을 주님과 함께 펴보고 싶어서 가지고 왔습니다. 이 졸업장은 주님의 것입니다. 주님께서 그날 태풍을 보내지 않으셨다면 저는 이곳에 있을 수 없습니다. 여기서 부르짖을 때마다 말씀으로 제 마음에 응답해주시지 않았다면 저는 이곳에 있을 사람이 아닙니다. 이 졸업장을 하나님께 바칩니다. 주님, 감사해요."

졸업장을 펴는 순간 하나님께서는 그날 새벽에 읽었던 말씀을 통해서 내 마음속에 속삭이셨다.

'뭐가 고맙니, 내가 더 고맙지. 잘 견뎌줘서 고마워.'

'주님, 무슨 말씀입니까?

'내가 배고플 때, 네가 먹을 것을 주었어. 내가 목마를 때 마실 것을 주었고, 병상에 있는 나를 아무도 찾아오지 않을 때, 내 옆에서 밤새도록 기도해줬잖니. 퇴학에 두려워 자살을 꿈꾸고 있을 때,

넌 내 친구가 되어주었어. 고맙다.'

'주님, 저는 그런 적 없습니다.'

'지극히 작은 자에게 한 것이 바로 내게 한 것이란다(마 25:40).'

지금 나는 일 년에 약 7만 명의 청소년과 청년들을 만난다. 성인 성도들의 수까지 합치면 더 많을 것이다. 그런데 그때마다 특별히 사관학교 간증을 통해 많은 청소년과 청년들이 일어남을 본다. 왜 그런가 생각해보니 그 졸업장을 주님께 드렸던 것 때문이 아닌가 싶다. 그래서 나는 끊임없이 기도한다.

'하나님 제 인생에 제2의, 제3의 사관학교를 주세요.'

하나님의 영광을 위하여 살 때, 희생이라는 대가가 반드시 따른다. 험난한 삶을 살아가면서 무엇을 얻길 원하는지 자신에게 물어보자. 어떤 기도의 응답을 원하는가? 대학교 합격? 출세? 결혼? 하나님께서 원하시는 것은 한 가지다.

'나와의 관계를 회복하자.'

내 일생의 목적은 단 한 가지다. 나를 예수 그리스도로 채워나가는 것이다. 매일의 삶 속에서 하나님을 경험하고, 그 증거를 만드는 것이다. 등 따시고, 배부르면 하나님을 경험할 수가 없다. 그래서 우리의 기도가 '하나님, 이 문제 좀 해결해주세요'가 아니라 '이 문제 속에서 하나님을 경험하게 해주세요'로 바뀌었으면 한다.

'하나님, 이 가난 속에서, 이 질병 속에서 하나님을 더 많이 경험

내 일생의 목적은 단 한 가지다.
나를 예수 그리스도로 채워나가는 것이다.
매일의 삶 속에서 하나님을 경험하고,
그 증거를 만드는 것이다.

할 수 있다면 이 문제를 그대로 두세요. 이 질병을 그대로 두세요. 왜냐면 저는 한 가지만을 얻기 원하기 때문입니다. 내가 발견한 최고의 아름다움, 흠모의 대상 되시는 예수 그리스도로 채워지기 원하기에 이 고통을 자진해서 선택합니다.'

J. I. 패커는 이렇게 말했다.

"모든 것이 합력하여 이루는 선이라는 것은 하나님의 자녀들이 당장 편안하고 안락해신다는 것이 아니다. 사람들이 너무나 자주 그렇게 생각하는 경향이 있지만 궁극적으로 그들이 거룩해지며, 그리스도를 닮아간다는 것뿐이다. 오직 하나님은 그의 거룩하심에 우리를 참여하게 하시기를 원하고 계시는 것이다."

주님 제가 갈게요

사관학교를 졸업하자마자 나는 시카고에 위치한 트리니티 신학대학원에서 공부하면서 한인교회에서 전도사 사역을 시작했다.

'어떻게 하면 하나님을 더 기쁘게 해드릴 수 있을까?'

이런 생각을 하며 지내던 어느 날이었다.

'내가 없어도 이 교회는 다른 전도사를 구하겠지. 그런데 한 사람이라도 일꾼이 더 필요한 중국은 내가 안 가면 누가 가지?'

기도해보고 하나님의 마음을 아는 것도 있지만, 많은 경우 예수님의 마음에 반사가 된다. 펄펄 끓는 솥에 손을 대고 '주님의 뜻이라면 내가 손을 떼겠습니다'라고 할 사람은 없다. 아버지의 마음을 알면 고민할 필요가 없다. 아주 단순하다. 미국은 사역자가 넘치게 많고, 중국은 없다. 그럼 답이 나온다.

'주님, 제가 갈게요. 잃어버린 한 마리의 양을 찾으러 가시는 주님과 함께 갈게요.'

그렇게 주님과 함께하기 위해서 중국으로 가기로 결정했다.

선교사 파송을 받고 중국으로 들어가기 전 3개월 정도 공백 기간이 생겼다. 중국에서 한 학기 동안 학교를 다니면서 언어를 배우기로 했는데 입학 전에 시간이 남은 것이다. 뭘 할까 고민하다가 부모님이 일본에 개척하신 교회에 목회자가 없다는 말을 듣고 그 교회를 섬기기로 했다.

부모님은 당시 호텔을 운영하고 계셨는데 온천 지대에 위치하고 있어 후쿠오카 시내에 있는 교회까지는 차로 두세 시간이 걸렸다. 내가 부모님 댁에 있으면서 교회를 오가게 되면 하루에 왕복 대여섯 시간을 길에서 보내야 했다. 그래서 부모님께 말씀드렸다.

"3개월 동안 교회에서 먹고 자면서 섬길게요."

그렇게 교회 강단 앞에 담요를 깔고 지냈다. 밤이면 강단에 머리를 대고 기도하다 나도 모르는 사이에 잠이 들었다. 눈을 뜨면 여전히 강단에 머리를 대고 있어서 다시 기도하다가 잠이 들었다. 일어나면 성경과 책을 읽고, 말씀을 암송하고, 기도하고, 심방을 다니고 혼자 노방전도하는 게 하루 일과였다. 비록 노방전도를 하다가 30분 만에 목소리가 안 나오기도 했지만 행복했다. 부모님은 가끔 내가 잘 있나 보러 오시고, 정기적으로 수요일에 오셨다.

사관학교에 다니던 4년 동안에는 해마다 휴가를 받아 한 달은 부모님을 뵐 수 있었다. 1년에 한 달이지만, 그렇게 12년을 보내야 보통 사람들이 부모님과 함께 1년을 사는 시간이 채워지는 것이었다. 신학교에 가면 괜찮을 거라 생각했는데 아니었다. 교육 전도사가 되고 방학을 맞아 목사님께 말씀을 드렸다.

"목사님, 집에 좀 다녀와야 되겠습니다."

"교육 전도사가 어디 가요? 교회 지켜야지."

목사님이 전혀 이해를 못하시는 것 같아 그때는 굉장히 서러웠다. 나는 항상 집에 가는 날이 기다려졌다. 6년 동안 전도사 생활을 하면서 일 년에 딱 일주일 집에 다녀올 수 있었다. 오고가는 시간을 빼고 부모님과 함께 있는 시간은 얼마 되지 않았다. 그러다 중국에 들어가기 전에 일본에서 3개월의 시간을 보내게 되었던 것이다. 하지만 그 시간도 어느덧 훌쩍 지나고 나는 중국으로 들어갔다. 중국으로 들어가자마자 어머니로부터 편지 한 통을 받았다.

사랑하는 다니엘,

지난 일본에서의 3개월간 네가 엄마에게 얼마나 큰 힘이 되었고, 위로가 되었는지 표현할 기회가 없을 만큼 행복한 시간들이 정신없이 지나갔구나. 이제 조용히, 다시 하나님 앞에 앉아서 생각하니까 자꾸만 눈물이 나온다. 네가 살던 교회가 구석구석 정겹고 네가 섰던 강단이 참 사랑스럽다. 강단 밑 기도 자리에 앉으면 얼마나 포근한지. 너도 그랬지? 그곳에서 지난밤도 주님과 다시 관계를 회복하는 행복한 시간을 가졌단다. 철이 덜 난 엄마는 오랫동안 하나님께 투덜거렸단다.

"왜 우리가 이곳 일본 땅에서 이토록 외롭게 살아야 합니까?"
그랬더니 주님께서 보너스로 너를 이곳에 보내주셨고, 엄마는 외로움도 힘든 것도 잊어버리고 즐겁기만 했었지. 그러나 그것은 보너스였고, 우리는 역시 각자 가야 할 길로 갈 줄 알았지. 그것이야말로 헌신이라고 스스로 납득시키면서 말이야. 이왕이면 억지로 가지 말고 자원하면서 기쁨으로 가자고 했지만 실상은 참 힘들단다.

네가 어젯밤에 통화하면서 많이 외롭다고 했잖니? 그 말이 엄마의 마음에 걸려서 오늘 하루 종일 마음이 찡하구나. 그러나 네가 언제나 이야기하는 것처럼 주님은 머리 둘 곳도 없으신 삶을 사셨으니까. 지금은 증명할 수 없지만 '더 좋은 약속, 더 아름다운 직분, 더 나은 제사, 더 나은 본향…(히 11장)' 이런 것들을 알기에 하나님의 신실하심이 우리의 삶 속에 증명되는 그날까지 이미 선택한 더 좋은 삶을 충실히 걸어가자. 다니엘 김 목사님! 계속해서 불러보고 싶구나.

_ 후쿠오카 교회에서 엄마가

어머니의 편지를 읽고 나는 복잡한 생각을 한 줄로 정리했다.
"우리가 가는 길은 평탄한 길이 아니다."
주님께서는 우리를 부르실 때부터 좁은 문, 좁은 길로 부르셨다.

좁은 문으로 들어가라 멸망으로 인도하는 문은 크고 그 길이 넓어 그리로 들어가는 자가 많고 생명으로 인도하는 문은 좁고 길이 협착하여 찾는 자가 적음이라 마 7:13,14

아버지나 어머니를 나보다 더 사랑하는 자는 내게 합당하지 아니하고 아들이나 딸을 나보다 더 사랑하는 자도 내게 합당하지 아니하며 또 자기 십자가를 지고 나를 따르지 않는 자도 내게 합당하지 아니하니라 마 10:37,38

우리가 가는 길은 힘들고 고통스러운 길이다. 그러나 영광스러운 길이다.

한밤중에 온 손님

사실 미국에 있을 때까지 나는 선교에 대해 아주 단순한 개념만 가지고 있었다. 선교란 그저 예수님의 마음으로 사랑하고 섬기는 것이라고 생각했다.

'중국 지하 신학교, 가정 신학교에 가서 섬기면 되겠지.'

베이징에서 중국어를 배우는 중에 한국에 일이 있어서 잠시 나왔다가 양산의 어느 기도원에 있을 때였다.

하루는 밤 10시쯤 어떤 분이 기도원으로 나를 찾아왔다. 검은 바지에 상의는 보라색 비단으로 만든 중국옷을 입은 남자 분이었다. 밖에서는 잘 안 보이다가 환한 데로 들어오면 새까맣게 바뀌는 안경을 썼는데, 햇볕에 까맣게 탄 얼굴이었다.

"너를 만나러 왔다."

나를 본 그분의 첫 마디였다. 목사나 선교사, 형제 같은 호칭도 없었다.

"누구시죠?"

그 분은 내 질문에 대답도 없이 이어 말했다.

"네가 가지고 있는 걸로 중국 선교를 할 수 있다고 생각하냐? 잠깐 얘기 좀 하자."

나는 얼떨결에 그 분과 방으로 들어왔다. 알고 보니 그 분은 시베리아에서 열린 한 선교대회에서 지인으로부터 내 소개를 듣고 오신 것이었다.

"일본어와 한국어와 영어를 하는 젊은 목사가 선교지로 들어가기를 원하는데, 선교에 대한 어떠한 경험도 없는 백지다. 거기 쓰는 대로 바뀔 것이다."

내가 아무것도 없는 백지라는 데 매력을 느끼고 찾아오신 것이다. 그러면서 방에 들어가자마자 이야기를 시작했다.

"나무를 알기 위해서는 숲을 알아야 돼. 중국이란 나라가 하나님의 큰 경영 속에서 어떠한 역할을 하는지 알아야 해. 중국에서 사역이 끝나는 것이 아니라, 땅 끝까지 복음이 전파됨으로 다시 한 번 예수님이 이 땅에 오시는 길을 예비해야 돼. 그것이 정리되지 않은 상태로 그 길을 나선다면 네 사역으로 인해서 주님의 길이 도리어 막히고 말 거야."

"누구신지 몰라도 30분만 드리겠습니다."

그 분은 내 말에는 아랑곳하지 않고 주님이 다시 오시는 것부터 시작해 이야기를 하시는데 가만히 듣고 있다 보니 2시간이 훌쩍 지나고 있었다. 푹 빠져서 듣긴 했지만 그 분의 말이 신학교에서 배웠던 내용과는 좀 달라서 혼란스러웠고 불편했다.

"어르신, 누구신지 모르겠지만 오늘은 여기까지만 해주세요. 죄송하지만 제가 감당이 안 됩니다."

"그래, 또 시간이 있겠지."

그 분은 가방을 들고 일어섰다. 산 밑에까지 모셔다 드리고 기도원으로 돌아와 누웠는데 잠이 오지 않았다. 내 마음에 작은 불씨 하나가 떨어져 점화된 느낌이었다. 그날 밤을 꼬박 새고 다음 날 새벽에 그 분께 전화를 드렸다.

"죄송합니다. 어제는 제가 무례했습니다. 제게 기회를 한 번만 더 주신다면 선생님을 따라다니며 배우고 싶습니다."

"성령님께서 기회를 주시면 다시 만날 날이 있겠지."

그로부터 3개월 후, 하나님께서 그 분과 다시 만나게 해주셨다. 서울역에서 나를 만나자마자 그 분이 말했다.

"오늘부터 나를 삼촌이라고 불러. 넌 내 조카가 되는 거지. 하하하!"

나는 그때부터 그 분을 삼촌이라 부르며 쫓아다녔다. 삼촌과 함께 중국을 횡단하며 이스라엘과 중동에 갔고, 중국의 동북3성을 다니며 많은 것들을 보고 느꼈다.

나의 소개

삼촌과 함께한 여정은 결코 쉽지 않았다. 처음에는 사관학교 때의 고통이 다시 생각 날 정도였다.

실크로드를 타고 중국을 횡단하다가 하루는 특정 장소에서 팀

모임을 하게 되었다. 약속된 장소로 팀원들이 오는데 그 구성이 다양했다. 이라크, 요르단, 시리아에서 온 선교사님과 위구르족, 한족, 조선족, 장족 등 중국 소수민족을 비롯해 탈북자와 북한 사람들도 있었다. 모임 장소의 보안을 철저히 하고 모임이 시작되었다. 삼촌이 나를 가운데 두고 소개했다.

"네가 아는 것 가지고는 중국 선교를 할 수 없어. 넌 스포트라이트가 있는 곳에서는 설교할 수 있지만 지하교회에 가서는 설교할 수 없어. 너는 하나밖에 못해. 반쪽만 사역하게 되면 오히려 하나님의 나라를 방해하는 존재가 된다고!"

소개가 아니라 나의 부족함만을 드러내셨다.

삼촌과 함께한 지 2년쯤 지나니까 그 분이 하던 말이 내 입에서 나왔다. 내 생각과 가치 기준이 새롭게 설립되기 시작했다.

그렇게 선교에 대한 생각이 정리되기 시작한 어느 날, 그날도 팀이 모인 장소에서 삼촌이 말씀을 시작하려고 했다. 나는 언제나처럼 주님을 조용히 부르고 있는데 그날은 삼촌이 나를 다르게 소개했다.

"오늘은 여러분에게 참 귀한 형제를 소개합니다. 다니엘이라는 형제예요. 이 친구는 우리와 함께 좁은 길을 나선 형제입니다."

다른 말이 필요 없었다. 팀원 중 북한 분이 일어나서 오시더니 나를 안아주시면서 말했다.

"반갑소, 형제."

이어서 다른 선교사님들도 오셔서 나를 안아주시면서 인사했다.

"반갑습니다."

주님의 나라에서 예수님으로부터 어떤 소개를 받고 싶은지 생각해본 적이 있는가?

"아버지, 이 친구는 참 위대한 사역을 하다가 왔습니다."

난 그렇게 소개받고 싶지 않다. 대신 이런 말을 듣고 싶다.

"아버지, 이 친구는 저와 함께 평생 좁은 길 갔던 친구예요."

요한복음 12장 26절에 이런 말씀이 있다.

"나 있는 곳에 나를 섬기는 자도 거기 있으리니."

내 사랑하는 예수님과 평생 좁은 길을 걸은 후에 주님의 나라에 가면 하나님 아버지께서 어떻게 맞아주실까 생각한다.

"내 아들과 함께 그 십자가의 길을 걸어갔구나. 그래 잘 왔다. 이제 들어와서 편히 쉬어."

이런 말을 들으며 그분의 품에 안기고 싶다.

주님과 함께 가는 길

나는 남들보다 비교적 일찍 안수 받고, 선교사 파송도 일찍 받아서 올해로(2013년) 7년째 접어들었다. 보통은 5년, 최근에는 4년이면 한 팀을 마치고 안식년에 들어간다고 한다. 나는 파송받고 쉼 없이 달려가다보니 지난해 말쯤에는 이메일도 하기가 싫고, 설교도 쓰기 싫고, 열정도 식어버리는 모습을 보게 되었다.

'일을 더 하면 열정이 생길 거야. 더 열심히 해야지.'

하나님께 나에게 열정을 주실 거라고 생각했는데 계속 메말라가는 나를 보게 되었다. 그렇지만 일에 대한 욕심이 있고, 어쨌든 가야 하는 길이기에 이집트 카이로로 날아갔다. 중국에서 5년 동안 훈련되어 파송한 사역자를 만나기 위해서였다.

이왕 간 김에 시내산 꼭대기에서 크리스마스를 보내고, 육로로 이스라엘로 건너가서 사막을 달리는 버스를 타고 여리고를 지나 예루살렘 감람산 꼭대기에서 신년을 맞이할 계획이었다. 시내산에 올라가서는 금식하며 기도할 각오를 단단히 했다.

'하나님, 신년을 맞이하여 새로운 힘을 얻기 위해서 금식하겠습니다.'

시내산에 도착해서 예약한 호텔에 들어갔는데 깜짝 놀랐다. 분명 인터넷에서 제일 싼 호텔을 예약했는데 막상 가서 보니 오성급 호텔이었다. 예약을 잘못했나 싶어 확인을 했다. 알고 보니 특별 프로모션 기간이라 싼 것이었고, 거기다 뷔페 식사 세 끼까지 포함되어 있었다.

'이건 아닌네…. 하나님, 저는 금식해야 됩니다.'

"내 아들과 함께 그 십자가의 길을 걸어갔구나.
그래 잘 왔다. 이제 들어와서 편히 쉬어."
이런 말을 들으며 그분의 품에 안기고 싶다.

환불이 안 된다고 해서 '그럼 안 먹고 말지 뭐' 하고 보니까 모든 음료수가 공짜였다. 분위기가 이상한대로 흘러가는 걸 느꼈지만 다음 날 아침 일찍 시내산에 올라가야 해서 잠자리에 들었다. 새벽부터 일어나서 배낭을 메고 여섯 시간 걸려서 시내산 정상에 도착했다. 올라가서 바위에 앉아서 기도했다.

'하나님, 제가 많이 지쳤습니다. 새 힘을 허락하여 주십시오.'

내 생각에는 시내산(호렙산) 꼭대기에서 성령님이 임하셔서 능력을 받아, 내 손을 얹으면 죽은 자가 살아나고, 사람들이 방언 받고 뒤집어지고, 2미터씩 날아가는 것을 기대했는데, 아무리 기도해도 그런 성령님은 나타나시지 않았다.

오후가 되고 해가 질 무렵까지 혼자 가만히 앉아 있는데 세미한 목소리가 내 가슴에 속삭였다.

'네가 지쳤구나. 너는 안식함으로 구원을 얻고, 나를 신뢰함으로 새 힘을 얻으리라. 일하려고 하지 마라. 네가 사역하려고 하지 마라. 네가 나와 함께 가려고 시작했던 이 길이 너도 모르는 사이에 나를 위해 가는 길이 돼버리고 말았구나.'

그랬다. 가만히 생각해보니까 처음에는 주님을 사랑해서 주님과 함께 가고자 시작했던 길이 나도 모르는 사이에 주님을 위해 가는 길이 돼버린 것이다. 주님을 위해 가는 길이 되고 나니까 주님을 위한 정의심에 불타기 시작하고 그 길을 가로막는 사람들은 다 적이고 원수가 되었다. 그러니 내 영혼이 메말라갈 수밖에 없었고 지칠 수밖에 없었다. 주님이 말씀하셨다.

'이제는 아무 생각하지 말고, 푹 자고, 많이 먹고, 쉬고, 다시 나와 함께 길을 떠나자.'

그렇게 새해를 맞이하고 주님 앞에 다시 고백했다.

'하나님, 주님과 함께 가겠습니다.'

내일은 환란이지
평안이 아니다.
세상은 가면 갈수록
더 힘들고 어려워진다.
이것이
성경적 세계관이다.

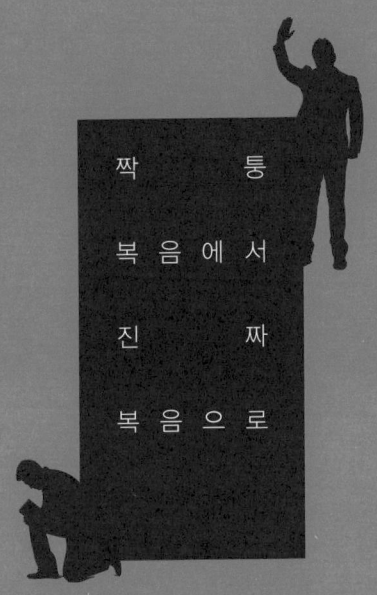

짝통 복음에서 진짜 복음으로

4
CHAPTER

세 상 이

감당치 못할

믿음의 사람

짝퉁 복음에서
진짜 복음으로

내일은 환난이지 평안이 아니다

수많은 나라를 끊임없이 옮겨 다니면서 세계 어디서나 동일하게 선포되는 한 가지 메시지를 듣는다.

"주님이 다시 오실 날이 멀지 않았다."

예수님이 처음 이 땅에 오셨을 때는 죄인을 구하기 위해서였다. 그리고 그 죄인을 지금도 기다리고 계신다.

'돌아와라. 해결되지 않은 죄는 없다. 돌아오기만 하면 된다.'

하지만 무한정 기다리시지는 않는다. 하나님의 나팔소리가 진동하는 그 순간까지만 기다리신다(마 24:31). 예수님이 이 세상에 다시 오실 때는 죄인이 아니라 이미 선별된 의인, 구원받은 성도들을 구하러 오시기 때문이다.

그날이 오기까지 내 믿음을 지켜내기 위해서 어떻게 살아야 하는가? 주님은 먼저 우리가 살아야 할 세상에 대해서 살펴보게 하신다.

중고등부 수련회나 청년부 캠프에서 말씀을 전하기 전에 항상 듣는 부탁이 있다.

"목사님, 우리 청소년들이 이 시대를 감당하기 위해서 꼭 필요한 기독교 세계관을 이야기해주세요."

그들은 아마도 내가 이런 이야기를 하기 원했던 것 같다.

"큰 꿈을 꾸십시오. 위대한 비전을 품으십시오. 그러면 하나님께서 당신을 놀랍게 쓰실 것입니다!"

물론 그것도 중요하다. 하지만 한 사람의 선교사로서 전할 수 있는 가장 시급하고도 중요한 기독교 세계관, 주님이 오시는 그날에 그분으로부터 '내가 너를 안다'라는 말씀을 듣기 위해서 반드시 소유해야 할 세계관은 단 한 가지다.

"내일은 환란이지 평안이 아니다."

세상은 가면 갈수록 더 힘들고 어려워진다. 이것이 성경적 세계관이다. 그러나 지금 세상은 막연한 낙관주의에 빠져 있다.

"경제가 나아지면 괜찮아질 거야. 과학과 의학이 발달하면 괜찮아질 거야."

"대학만 들어가면, 직장만 구하면, 결혼만 하면 괜찮아질 거야."

하지만 정말 괜찮아졌는가? 인간의 모든 역사가 부작용에서 부작용으로, 전쟁에서 더 큰 전쟁으로, 큰 위기에서 더 큰 위기로 지속되어 왔다. 하나님의 말씀은 그런 막연한 낙관주의를 말하지 않는다. 하나님은 정확하게 말씀하신다.

"그날에는 전쟁과 전쟁에 대한 소문과 기근과 지진과 거짓 선지자들과 거짓 그리스도들이 나타나서 그리스도가 여기 있다, 저기 있다 하여도 너희는 가지 마라. 그날에 지붕 위에 올라간 자는 내려올 생각도 하지 마라. 밭으로 나간 자는 돌아볼 생각도 하지 마라. 그날에 아이를 밴 자는 화가 있을진저, 그날이 겨울이나 안식일에 일어나지 않도록 깨어서 기도하라. 하나님께서 선택받은 자를 위하여 그날을 줄이지 않으셨다면 살아남을 자가 없느니라"
(마 24장, 막 13장, 눅 21장 참조).

갈수록 경제는 어려워질 수밖에 없고, 기근 문제는 더 심해질 것이다. 이 시대의 사람들은 더 급하고 악해질 것이며, 사랑은 더 식어갈 것이다. 20년 전 대한민국의 모습만 봐도 안다. 그때는 적어도 전철이나 버스를 타면 어르신들이 앉아 계셨고, 학생들이 서 있었는데 지금은 반대다. 일어나라고 눈치라도 줬다간 봉변을 당한다. 전철에서 이어폰을 끼고, 핸드폰을 가지고 놀면서 옆에서 사람이 죽어가도 무관심하다. 도리어 옆에 사람이 쓰러지면 핸드폰으로 동영상을 찍는다.

20년 전에 내가 믿음을 지키기 위해 감당해야 했던 악함의 강도와 지금 시대의 아이들이 믿음을 지키기 위해서 감당하지 않으면 안 되는 세상의 악함의 강도는 하늘과 땅 차이다. 중학교보다 고등학교에서 믿음을 지키는 게 더 힘들고, 고등학교 때보다 대학교에 가서 믿음 지키는 게 더 힘들다. 군대 가면 또 얼마나 힘든가. 사회에 나오면 더욱 힘들어진다. 가정이 생기고, 자녀가 생기면 더하다. 그래서인지 해병대에서 말하는 명언이 가슴속 깊이 새겨진 것 같다.

"The only easy day was yesterday(우리에게 유일하게 쉬웠던 날은 어제밖에 없다)."

그러니 '오늘'에 내 신앙을 맞추지 말고, 주님이 오시는 '그날'에 우리의 기준을 두어야 한다. 그러면 그날까지 무슨 일이 생기든 감당할 수 있다.

"세상이 뒤집어지고 사람들이 다 주님을 떠난다 해도, 나는 주님을 섬기겠습니다. 신앙만은 타협하지 않겠습니다."

이 고백이 오늘 나오지 않는다면 그 믿음은 소용이 없다.

복음을 거절하는 세상

얼마 전까지 나는 한 캠프의 대표로 있었다. 우리 캠프에서는 집회에 참가하는 모든 아이들에게(통상 1200명 정도) 접수할 때부터 시계, 핸드폰, mp3, 지갑을 모두 맡겨두게 한다. 그렇게 빈털터리로 핸드북과 성경만 가지고 2박 3일을 지내게 한다. 접수를 끝낸 아이들은 개회예배와 오리엔테이션을 마치고 저녁을 먹는다. 그때쯤 다섯 명 정도의 아이들이 사무실로 찾아온다. 대부분 중학교 3학년, 고등학교 1학년이다.

"우리 갈래요."

"왜?"

"여기 안 맞아요."

"왜 안 맞아?"

"그냥 안 맞아요. 갈래요."

"야, 캠프 접수한 지 3시간도 안 됐는데 네가 어떻게 알아?"

"지갑 주세요. 갈래요."

"안 돼."

한참을 씨름하다 결국에는 솔직히 얘기를 한다.

"대체 왜 가려고 그래?"

"핸드폰이 없으니 못 살겠어요."

때가 이르리니 사람이 바른 교훈을 받지 아니하며 **딤후 4:3**

여기서 말하는 '때'가 바로 지금 우리가 살고 있는 시대가 아닌가 생각된다. 그날에는 "사람이 바른 교훈을 받지 아니하며"라고 했다. '받지 않는다'를 '거절한다'로 생각하면 영어 표현으로는 아주 공손하게 들릴 수도 있다.

"No thank you(고맙지만 사양할게요)."

"It's OK(아뇨, 괜찮습니다)."

하지만 여기서 말하는 것은 '완전히' 거절한다는 뜻이다. 이 시대는 올바른 교훈, 즉 복음이 선포되었을 때 단순히 거절하는 정도가 아니라 듣기 싫어서 견디지 못한다는 것이다. 마치 내 몸에 병을 치료하기 위해 어떤 약이 투입되었을 때 부작용을 일으키면서 괴로워서 토하고 뒹굴기 시작하는 것처럼.

나는 중고등부 수련회에 조금 일찍 가서 다른 강사님의 말씀도 듣는다. 한 번은 이런 적이 있다. 1000여 명의 아이들이 모인 집회의 첫 시간이었다. 강사는 젊은 목사님이셨는데, 아이들을 보자마자 이렇게 말했다.

"오늘, 우리 주님 앞에서 사생결단을 하자."

목사님은 양복 윗도리를 벗고 셔츠 소매를 걷으셨다. 그러고는 예수님께서 나를 위해서 죽으셨고, 십자가에 달리셨으며, 오늘도 그 십자가의 길로 부르고 계시다는 사실을 선포했다. 그 길이 좁고 쉽지 않지만 결국 생명의 길이라는 것도 선포했다. 나는 뒤에 앉아

박수를 치면서 기도했다.

'하나님, 감사합니다. 저런 분이 우리 아이들에게 복음을 선포하게 하심을 감사합니다. 저런 분이 대한민국 안에 계시다는 사실이 감사합니다.'

그리고 아이들을 보았다. 설교 시작한 지 10분 만에 아이들은 핸드폰을 가지고 놀고, 앞의 아이를 발로 차고, 뒤로 눕고, 손 잡고 단체로 화장실에 다녀오고 있었다.

청년 집회는 또 다르다. 청년부에서는 설교를 한마디 하면 한마디의 반응이 있다. 설교하러 가기 전보다 설교 끝나고 강단에서 내려갈 때 더 흥분해서 내려간다. 한두 시간 더 하고 싶다는 마음이 들 때도 있다. 그런데 중고등부 수련회에서 조는 아이들을 깨워가면서, 혼내가면서 두 시간 동안 씨름하고 내려가면 진이 다 빠져버린다.

그런데 동영상을 띄워주고 웃기는 이야기, 연예인 이야기를 하면 좋아한다. 교회 수련회에 왔는지 세상 캠프에 왔는지 분간이 가지 않을 정도다.

"김연아가 한 번의 점프를 성공시키기 위해서 3천 번 넘어졌대. 그러니까 너희도 실패해도 일어나!"

이런 메시지를 하면 아이들이 흥분한다.

'오, 나도 해봐야지. 학교생활에서 좀 좌절했지만 일어나야지.'

그런데 복음을 말하면 싫어한다. 하나님 말씀을 얘기하면 싫어한다. 더 안타까운 건 이것조차 분별이 되지 않아서 좋은 게 좋은 거라며 좇아가는 것이다. 이제는 복음을 두려워하지도 않고, 하나님 앞에서 긴장하지도 않는다.

요즘 아이들은 캠프에 올 때 성경도 안 가져온다. 스크린에 띄워주니까. 심각한 문제다. 주님을 사랑한다고 하지만 사랑하지 않는 자들이 정말 많다. 경건의 모습은 갖고 있지만, 경건의 능력을 상실해버린 시대이다. 성령으로 시작했다가 육신으로 망하는 시대이다.

내 믿음은 내 몫

지금은 누가 먹여주는 시대가 아니다. 내 믿음은 내 몫이다. 내 하나님은 내가 만난다. 지금은 한 사람, 한 사람이 모두 선교사인 시대다. 선교지에서 누가 나를 양육해주지 않는다. 혼자서 살아남는 방법을 배워야 한다. 예수 생명이 내 안에 들어오는 순간, 그때부터는 서바이벌이다. 굶어 죽기 전에 찾아 먹어야 한다.

중국 대륙의 가운데 위치한 란저우에서 서쪽 국경 지역으로 가려면 사막을 통과해야 한다. 기차를 타고 가면 도시가 점점 없어지고 조금씩 사막이 펼쳐지기 시작한다. 끝없는 사막에 경탄하다가 배가 고프면 라면 한 그릇을 먹는다. 한참 가다가 밤이 되어 자기 전에 커튼을 열어보면 캄캄한 사막이다. 다음 날 아침 눈을 떠 커튼을 열어도 여전히 사막이다.

그런데 참 희한하게도 그 막막한 사막 한가운데를 다니는 양떼들이 있다. 처음엔 이해가 안 갔다.

'도대체 사막에서 뭘 먹고 사나?'

어느 날, 기차가 사막 한가운데서 잠깐 정차한 적이 있다. 이때다 싶어 창문을 열고 내다보았다. 철로 옆에 양들이 있었는데, 눈도 제대로 보이지 않는 양들이 기가 막히게 풀 한 포기를 찾아 먹고 있었다. 나는 충격과 동시에 생명의 신비를 느꼈다.

'사막의 양도 자기 먹을 것을 찾아 먹는구나. 이것이 생명이구나.'

중국 가정교회 지도자가 되기 위해서는 세 가지 조건이 있어야 한다. 첫째는 개척교회를 해본 경험이 있어야 하고, 둘째는 주님을 위하여 투옥된 경험이 있어야 한다. 그리고 셋째는 성경을 적어도 100독은 해야 한다. 100번 읽는 것도 쉽지 않은데, 내가 아는 중국인 중에는 창세기부터 요한계시록까지 성경 전체를 외우는 분도 있다. 궁금해서 물었다.

"왜 그걸 다 외우세요?"

전혀 의외의 대답이 돌아왔다.

"외워지는데 어떡합니까?"

감옥에서 17년을 보내면서 성경을 수백 번 읽으니 외워지는데 어떡하냐는 것이었다.

변명은 통하지 않는다. 지금은 교회적으로 구원받는 시대가 아니다. 주님께서 그분의 백성을 잔잔하고 쉴만한 물가, 푸른 초장으로 인도해주셨던 시대도 있었다. 하지만 지금 우리가 사는 시대는 광야와도 같다. 넘치는 말씀이 있지만, 홍수 때 마실 물이 없다는 표현이 적합하다 싶을 정도의 목마름이 있다. 그렇다고 주님 앞에 서서 "주님, 시대가 시대인지라 못 먹고 왔습니다"라고 말할 것인가? 그러면 주님은 이렇게 말씀하실 것이다.

"내 생명을 너에게 주지 않았느냐?"

예수 생명이 내 안에 있으면 살아갈 수 있다. 스스로 찾아 먹을 수 있게 되었기 때문이다. 누구든 예수 생명을 소유하고 있다면 주님이 오시는 그날까지 내 영혼을 먹이고, 한 사람의 예배자로서 그분을 맞이할 준비를 해야 한다. 부모님의 믿음, 집안의 믿음, 아내의 믿음, 남편의 믿음이 아니라 내 믿음이 있어야 한다. 내 믿음은 내가 책임져야 한다.

믿음을 잃으면 죽음이다

내게 '믿음을 잃으면 죽음'이라는 걸 몸소 깨닫게 해주신 분은 어머니였다. 나는 성장하면서 어머니의 모습을 통해 복음을 간접적으로 접해왔던 것 같다.

우리 집에는 세 가지 규칙이 있었다. 첫 번째 하나님 앞에서 약속한 것은 생명을 걸고라도 지켜야 한다. 입 밖에 내놓은 것은 하나님 앞에 약속한 것으로 여기고 지켜야 했다. 두 번째는 학교에 안 가는 날(토요일과 주일, 기타 공휴일)은 새벽기도를 간다. 세 번째는 체벌에 대한 것인데, 어머니는 웬만해서는 회초리를 들지 않으시고 자녀에 대하여 오래 참으셨다. 그런데 한번 회초리를 드시면 마지막 세 번째 규칙이 작동된다. 그것은 한번 매를 들면 그 매가 부러질 때까지 때리는 것이다. 매를 드시는 데까지 오래 걸리지, 일단 매를 들면 부러져야 끝났다.

나는 여기서 복음의 두 가지 면을 보았다.

하나는 오래 참고 기다리시는 하나님이다. 하나님은 기다리시고, 책망하시고, 다시 참고 기다리신다. 참으시되 오래 참으신다. 그런데 때가 차면 회초리를 드신다. 드신 이상 그것이 부러질 때까지 때리지 않으면 끝나지 않는다. 회초리 들 때까지가 오래 걸리지 한번 드시면 말리는 사람이 있어도 안 끝난다. 오히려 말리는 사람도 같이 다치는 경우가 많다. 하나님께서 정해놓으신 때가 차고, 정해놓은 고난의 분량이 차기까지 끝나지 않는다. 참 무서운 하나님이다.

두 번째 모습이 있다. 어머니께서는 간혹 이모들에게 회초리를 가져오게 하셨다. 그럼 이모들이 나를 생각해서 빨리 부러질 것을 갖다주면 좋은데 "회초리는 왜?" 하면서 엄청 두꺼운 걸 갖다줄 때가 있었다. 그럼 어머니는 매가 부러져야 끝이 나니까 나를 한 대 때린 후에 바닥을 여러 번 치신다.

"너, 왜 이렇게 하니?"

나와 바닥을 번갈아 치다가 결국은 부러뜨리신다.

주님도 이와 같으시다. 죄의 삯은 사망이다. 하나님이 회초리를 드시고 마음먹고 때렸다간 우리는 다 죽는다. 그래서 하나님 자신을 때리신다. 예수 그리스도를 십자가에 못 박아버리신 것이다. 자신이 한 약속도 지키시고 우리도 구원하시기 위해서다.

내가 고등학교 2학년을 마쳤을 때 '하버드 세컨더리스쿨(Harvard Secondary School)'에 들어갈 기회가 있었다. 이 프로그램은 고등학생들이 방학 동안 실제 하버드의 수업을 들으며 공부하는 것이었다. 나는 그렇게 3개월 동안 하버드를 경험할 수 있는 기회를 얻었다.

거기 온 학생들이 얼마나 열정적인지 정말 놀라웠다. 첫 수업 시간에 교수님께서 종이를 나눠주시면서 말씀하셨다.

"이 수업에 오신 여러분 환영합니다. 이번 학기에 이러한 숙제를 내셔야 합니다."

학생들이 그걸 보면서 '아, 이번 학기에는 이런 보고서를 써야 되는구나' 생각하고 있을 때 교수님이 말씀하신다.

"이 보고서를 쓰기 위해서 이러한 책들을 인용하십시오."

그 말이 끝나자마자 한 학생이 손을 들고 말한다.

"배가 아파서 잠깐 화장실에 다녀오겠습니다."

그가 강의실 문 밖을 나와서 향하는 곳은 화장실이 아니라 도서관이다. 도서관으로 뛰어가서 다른 사람이 오기 전에 필요한 책을 먼저 대출하는 것이다. 나도 한번 중간에 손을 들고 나와 도서관으로 뛰어가서 필요한 책을 딱 뽑았다.

'내가 제일 먼저 왔구나! 이제 됐다.'

의기양양하게 집에 와서 책을 펼치는 순간 깜짝 놀랐다. 인용해야 하는 부분을 이미 누군가 찢어간 것이다. 하버드는 그런 곳이었다. 그 프로그램에 들어가는 것도 힘들었지만 그곳에서 공부하는 것은 더 힘들었다.

월요일부터 금요일까지 하버드에서 열심히 공부하고 금요일 저녁에 렉싱턴에 사시는 외삼촌댁에 집 밥도 먹을 겸 해서 갔다. 그런데 한번은 부모님이 나를 보려고 잠깐 오신 적이 있었다. 토요일 밤에 공부하고 있는데 어머니가 문을 열고 말씀하셨다.

"내일 새벽기도 가지?"

두 번째 규칙에 따르면 다음 날은 주일이니까 당연히 가는 거였다.

"네네, 안녕히 주무세요."

"그래, 엄마는 먼저 잘게."

나는 새벽 2시까지 공부를 하다가 잠이 들었다.

새벽 5시에 어머니가 나를 깨우셨다.

"새벽기도 가자."

"못 가요. 어제 늦게 잤어요."

"가야 돼."

"못 가요. 피곤해요."

"일어나, 빨리 가자."

어머니와 내가 한참을 씨름하는 중에 아버지와 삼촌은 우리를 기다리다 못해 출발하셨다. 그러나 어머니는 하나님 앞에서 약속을 지켜야 했기 때문에 계속 나를 깨우셨다.

"가자."

"못 가요."

"가자."

"못 가요."

시간은 점점 흘러가고, 애가 탄 어머니는 드디어 매를 드셨다. 그날 어머니 손에 잡힌 건 옷걸이였다. 여름인지라 반바지를 입고 매를 맞던 내 다리는 시간이 흐르면서 점점 부어오르기 시작했다. 시작한 이상 부러지기 전에는 안 끝난다는 걸 알고 있기에 나는 간절하게 빌었다.

"어머니, 죄송합니다. 제가 너무 피곤해서 잠꼬대를 한 거 같아요. 빨리 옷 입을게요."

내가 옷을 다 입고 나왔을 때는 이미 새벽기도가 끝나갈 무렵이었다. 그래도 가야 했다. 외숙모에게 운전을 부탁하고 어머니는 앞 좌석에, 나는 뒤에 타고 교회로 갔다.

우리가 교회에 도착했을 즈음에는 몇 분 정도만 남아서 개인기도를 하고 계셨다. 어머니는 맨 앞자리에 가서 앉으시고, 난 반항심에 맨 뒷자리에 가서 앉았다.

'내가 은혜를 받나 봐라.'

의자에 앉아 머리를 숙이던 그 순간이 아직도 기억난다. 평생 제일 은혜로웠던 새벽기도였다. 나는 전혀 의도하지도 않았고 마음도 준비돼 있지 않았다. 그런데 갑자기 하나님께서 주시는 생각이 고백이 되어 나의 입을 통해 흘러나왔다.

"하나님, 이제부터 혼자 미국생활 하면서 믿음을 지켜야 하는 수없이 많은 날들이 있을 텐데, 오늘 어머니의 손길을 통해서 나에게 가르쳐주심을 감사합니다."

그날 어머니의 회초리는 '믿음을 잃으면 죽음'이라는 사실을 되새기는 계기가 되었다.

짝퉁 복음

때가 이르리니 사람이 바른 교훈을 받지 아니하며 귀가 가려워서 자기의 사욕을 따를 스승을 많이 두고 또 그 귀를 진리에서 돌이켜 **허탄한 이야기**를 따르리라 딤후 4:3,4

지금 이 시대는 내 욕심에 자극을 주고, 내게 이익이 되는 말씀을 좇아간다. 자기를 위해서 스승을 세운다. 결국 모든 것이 '나 중심'으로 흘러간다. 내가 좋아야 좋은 예배, 좋은 말씀, 좋은 교회가 된다. 내가 힘들면 다 싫다. 대체 언제부터 '나'라는 사람이 기준이 되었는가. 성경에서는 단 한 번도 '나'를 기준으로 삼으라고 한 적이 없는데 말이다.

기준은 오직 한 분 스스로 계신 하나님, 지존하신 자, 여호와 하나님이시다. 하나님이 기뻐하시면 눈물이 한 방울도 나지 않아도 좋은 말씀이다. 내 감정은 아무런 자극을 받지 못한다 해도 그분이 기뻐하시면 좋은 예배이다. 인본주의가 교회 안까지 아주 깊이 스며들었다. 그러나 교회는 하나님 신본주의를 따라야 한다. '나'라는 사람은 더는 교회에 있을 수 없다. 나는 이미 2천 년 전에 십자가에서 예수님과 함께 죽었음을 기억해야 한다.

이 말씀에서 '허탄한 이야기'는 쓸데없는 삶을 좇아간다는 의미가 아니라, 진리와 비슷하게는 생겼는데 진리가 아닌 것을 말한다. 진리와 비진리, 복음과 비복음은 아주 유사하다. 진리에서 떠난 지 오래됐고, 내 사욕을 채우는 것에 눈이 먼 자들은 이것을 분별하지 못한다. 그래서 진리 비슷한 것만 보여줘도 넘어간다.

"오, 좋아! 이건 나의 감정에 자극이 돼."

평생 이것을 좇아가면서 그것이 믿음인 줄 안다. 그런데 주님이 말씀하신다.

'네 믿음 좀 보자.'

'주님, 여기 있어요.'

그걸 보신 주님이 말씀하신다.

'짝퉁이네.'

복음과 비복음, 진리와 비진리는 깨어 있지 않으면 분별할 수 없다. 사탄은 생각보다 똑똑하다. 마귀는 우리에게 진리와 비슷한 것을 던져주고는 말한다.

'이게 믿음이야. 가지고 있어. 이것만 평생 지키면 돼.'

평생 진짜인 줄 알고 있다가 주님의 나라에 가서 뚜껑을 열어보니 진짜가 아니라면 그때는 어떻게 할 것인가!

수련회에 가면 이런 류의 메시지가 많이 선포된다.

"You can do it! 너도 꿈을 품어. 그럼 너도 할 수 있어."

그러면 모두 화답한다.

"OK! I can do it!(맞아, 나도 할 수 있어!)"

하지만 막상 집에 가면 작심삼일이다. 충분히 할 수 있는 것도 잘 못하는 자신을 발견한다. 그러다 좌절하고, 갈등하고, 다시 죄에 굴복하고, 그로 인해 또 갈등한다.

다음 해 수련회에 갈 때가 되면 이런 생각이 든다.

'어차피 넘어지고 다시 옛날 모습으로 돌아갈 걸 뭐 하러 가냐.'

될 줄 알았다가 안 되면 자살하기도 한다. 좌절하고 끝내버린다. 왜 이런 현상들이 일어나는가? 그들이 들은 것이 복음이 아니었기 때문이다. 복음하고 비슷해서 복음과 같은 흥분은 주지만, 진짜 복음은 아니었던 것이다.

진짜 복음

복음은 단 한 번도 우리에게 '할 수 있다'고 말한 적이 없다. 복음은 언제나 '넌 할 수 없어'라고 말한다.

모든 사람이 죄를 범하였으매 하나님의 영광에 이르지 못하더니

롬 3:23

기록된 바 의인은 없나니 하나도 없으며 깨닫는 자도 없고 하나님을

찾는 자도 없고 다 치우쳐 함께 무익하게 되고 선을 행하는 자는 없나니 하나도 없도다 롬 3:10-12

미국에서 신대원에 다닐 때 하루는 새벽 1시에 친구에게서 전화가 왔다.
"나 좀 만나줘."
"야, 새벽 한 시야. 내일 만나. 끊어."
"오늘 꼭 만나야 돼."
간절히 만나달라고 해서 친구를 만나러 나갔다.
"빨리 얘기해, 영하 30도에 자고 있는 사람은 왜 불러냈어?"
친구는 말을 꺼내질 못하고, 자꾸 한숨만 내쉬었다.
"말 안 할 거면 나, 갈래."
"나 사랑에 빠졌어."
확 때려주고 싶었다.
"네가 사랑에 빠졌다고 새벽 한 시에 나를 불러내냐? 간다."
"아니야, 나 실은 중독이 있어."
중독이라니 문제가 심각해졌다.
"무슨 중독인데?"
친구는 주위를 살피더니 조용히 말했다.
"인터넷 포르노 중독이야."

나는 깜짝 놀랐다. 친구가 말을 이었다.

"아주 사랑스럽고 귀하고 순결한 여인을 만났어. 그런데 나같이 더럽고 음란한 것이 어떻게 그런 여인에게 '사랑합니다, 교제해주세요, 결혼해주세요'라고 말할 수 있겠어?"

아무리 생각해도 내 안에 해결책이 없었다. 겨우 한 마디 했다.

"교회는 가봤냐?"

"응."

"목사님이 뭐라고 하시든?"

"끊으래."

"돼?"

"안 되더라."

"야, 나도 모르겠다. 기도해줄게."

기도하고 친구를 보냈다. 친구는 낙심하는 얼굴로 돌아갔다.

다음 날 그 친구는 존경하는 교수님을 찾아가 다 털어놓고 이야기를 했다. 교수님은 친구의 말을 듣고는 이렇게 말씀하셨다.

"너, 그거 끊으려고 하지마."

"예?"

"끊어야지, 똑바로 살아야지, 열심히 살아야지 하는 만큼 넌 이미 결박당해버렸어. 거기서 헤어나올 수 없어. 네 모든 생각과 관심은 다 거기 가 있어. 그리고 그렇게 다짐해서 끊어져도 문제야."

"네? 왜요?"

교수님은 두 가지 문제를 말했다.

"첫 번째는 하나님과 거래 관계가 시작이 돼. '하나님, 끊었습니다. 그러니까 복을 주세요. 여기까지 했으니까 은혜를 내려주세요' 하는 거지. 그러다 어려움과 고통과 환란이 오면 십중팔구 '하나님, 필요 없습니다. 여기까지 했는데 이게 뭡니까?' 하면서 교회를 떠나 버려. 두 번째는 못 끊는 사람들을 정죄하기 시작해. '나는 끊었는데 너는 왜 못 끊느냐'라는 거지. 나보다 못난 사람 앞에서는 교만이요, 나보다 잘난 사람 앞에서는 열등감이 돼. 끊임없는 비교의식 속에서 내 영혼이 메말라가는지도 모르고 살아가게 된다고."

"교수님, 그럼 저는 어떻게 하면 좋을까요?"

"네가 사랑하기를 원하는 그 여인을 마음을 다해서 사랑해봐."

"네?"

"그 여인을 사랑할 수는 있잖아. 그녀를 위해서 편지를 쓰고, 돈을 모아 꽃다발과 선물을 사주고, 노래를 만들어 연주도 해줘. 마음을 다해서 한번 사랑해봐."

그로부터 일 년 후에 나는 그 친구를 다시 만났다.

"야, 어떻게 됐냐? 그 중독."

"아, 그거? 없어졌어."

나는 깜짝 놀라 물었다.

"어떻게?"

"몰라. 그녀를 미치게 사랑하는 사이에 없어지더라."

복음은 죄를 억제하라고 말하지 않는다. 억제한다고 끊어질 죄가 아니기 때문이다. 그럴 거 같았으면 주님이 안 오셔도 되었을 것이다. 아름다운 흠모의 대상, 나를 위해서 죽어주신 분, 십자가에 달리셔서 하나님의 최고의 영광의 광채를 발하시는 그분을 바라보아야 죄가 없어진다.

십자가를 바라보는 순간, 주님을 부르며 따라가게 되어 있다. 그 사이에 나도 모르게 나를 묶고 있었던 중독과 유혹, 나에게 있는 더럽고 추한 모든 것들이 증발하기 시작한다. 주님이 좋아서 그렇게 따라가다가 잠깐 서서 뒤를 돌아보면 알게 된다.

'내가 이만큼 변화되었구나. 이만큼 성화되었구나.'

복음은 이렇게 말한다.

"네가 아무리 노력해도 살지 못하는 인생을 다시 살아준 그분을 바라보라. 너의 죄를 지고 간 어린양을 바라보라. 그러면 너의 인생은 뒤집어질 수밖에 없다."

그분을 미치도록 사랑하면 내 눈앞에 있는 문제는 보이지 않는다. 바라보는 것만으로도 해결되는 문제도 있다. 그래서 예수를 나의 구주 삼은 사람의 동일한 고백은 이것이다.

"세상과 나는 간 곳 없고 구속한 주만 보이도다."

사랑이 이끄는 길

몇 년 전 유럽에서 열린 집회에서 귀한 형제를 만났다. 집회를 다 마치고 중고등학생들이 나와서 간증하는 시간을 가졌다.

"이제 열심히 살겠습니다."

"학교로 돌아가면 열심히 공부하겠습니다."

간증을 다 듣고 마무리 기도를 하려고 하는데, 한 형제가 손을 들었다.

"저요."

"그래, 빨리 나와라."

고1 남자아이가 나와서 마이크를 쥐더니 5분 정도 아무 말도 하지 않고 가만히 서 있기만 했다.

"마무리해야 하니까 어서 용기를 내서 이야기해."

그러자 그 친구가 눈물을 터뜨리면서 말했다.

"전 죄인입니다."

"야, 그래. 우리 다 죄인이야. 하나님이 용서하셨으니까 그렇게 알고 살아가면 돼."

"아니에요."

그 아이는 자신이 죄를 졌는데 이전에는 죄의 대가를 치르는 것이 두려웠지만 아버지의 사랑이 진짜이고, 그 사랑이 자신을 지탱해준다면 어떤 죄의 대가도 무섭지 않다고 말했다.

"이젠 정정당당히 죄의 대가를 치르겠습니다."

그 고백이 귀해서 축복기도를 해주고 헤어졌다.

그로부터 6개월쯤 후 부산에서 집회를 마치고 교회 로비에서 인사를 하고 있는데 어떤 분이 오더니 내 손을 꼭 잡았다.

"목사님 안녕하세요? 저 유럽에서 왔어요."

"안녕하세요?"

"저, 그날 그 집회에 있었어요."

"아, 네."

"그날 은혜 많이 받았어요."

"네. 참, 한 가지 여쭤볼게 있어요. 그 친구 도대체 무슨 죄를 졌기에 고등학교 1학년짜리가 그렇게 울면서 회개를 해요?"

그 분이 조심스럽게 말씀하셨다.

"그 친구가, 살인을 했어요."

"네?"

"어렸을 때 가정이 산산조각 나고 혼자서 도망가다시피 유학을 갔는데 자기를 인종차별하는 집주인이 미워서 죽이고 그 시체를 숨겨놨다고 해요. 돌이킬 수 없는 죄를 지었는데 그날 하나님 아버지의 사랑을 깨닫고 나서, 그 집회를 마치자마자 경찰서로 가서 자수했어요."

"지금 어떻게 지내고 있나요?"

"형무소에 있어요."

"잘 지내나요?"

"행복해해요."

주님을 사랑하고 그분의 사랑을 안다는 것은 입으로만 그저 "아버지, 사랑합니다" 하고 마는 게 아니다. 이 세상의 어떤 현실보다, 그 어떤 목소리보다 더 강력하게 내 삶 속에 자리 잡아서 나의 현실을 뛰어넘는 것이 주님의 사랑이다. 그 사랑을 소유하고 있는 자는 하나님을 신뢰하고 그분의 눈동자를 의식하기에 어디서든 믿음을 지키고 복음을 살아낼 수 있다.

찾아오시는 하나님

하나님은 내 노력으로 만날 수 있는 분이 아니다. 그분이 우리에게 은혜로 찾아와주셔야 한다.

전에 필리핀에서 청소년들이 140명 정도 모이는 영성훈련을 3박 4일 동안 인도한 적이 있다. 100명 정도는 필리핀 아이들이고, 나머지 40명은 한국 아이들이었다. 필리핀 청소년들은 첫날부터 울면서 캠프에 들어왔다.

"하나님, 감사합니다. 나를 이 영성훈련에 보내주심을 감사합니다."

첫날부터 뛰면서 찬양을 하는 필리핀 학생들에 반해 한국 학생들은 하나같이 무표정한 얼굴로 가만히 앉아 있었다. 하지만 나는 걱정하지 않았다.

'쟤들이 별수 있나? 조금 있으면 은혜를 받겠지.'

그런데 하루가 지나고, 이틀이 지나는데도 아이들은 여전히 무감각했다. 단체로 이러는 경우는 흔치 않아서 한국 학생들의 배경을 체크해봤다. 알고 보니 이 학생들은 모두 한 학교에 다니고 있었는데, 한국에서 가정적으로 상처받거나 문제를 일으켜 필리핀으로 온 모양이었다.

삼일 째도 아이들이 변화가 없으니까, 답답하고 애가 탄 필리핀 목사님 한 분이 그들을 바라보면서 외쳤다.

"너희들 정말 그렇게 앉아만 있다가 갈래? 이 가운데 사탄의 자녀가 되고 싶은 사람 있어? 없지? 있으면 손 들어봐."

이 말을 들은 한국 학생들이 다 손을 들었다. 그런 아이들을 보고 있자니 나도 가슴이 아팠다.

어느덧 3박 4일이 다 지나가버렸다. 모든 훈련을 마치고 아이들이 짐을 버스에다 싣고 점심 식사를 하고 있었다. 나는 시간이 무의미하게 지나가버린 것 같아 마음이 아팠고, 아이들을 볼 마지막 기회라는 게 슬펐다. 기사 아저씨가 버스 시동까지 걸고 기다리고 있었다. 밥만 먹으면 모든 게 끝이었다.

나는 애를 태우다 결국 한 아이에게 다가갔다. 아이들의 두목격인 고3 학생이었다. 내가 옆에 앉으니 그 아이가 가만히 쳐다보았다. 서먹서먹해서 칭찬을 했다.

"야, 너 참 잘생겼다."

아이는 가만히 있었다.

"넌 얼마나 힘드냐?"

"뭐가요?"

"다른 사람들은 다 은혜받고 주님을 위해 살겠다고 고백하는데 너는 끝까지 '나를 지켜야지' 하면서 가만히 앉아 있으니 힘들지. 아무튼 잘 견뎌줘서 고맙고, 여기서 들은 얘기들이 문득 생각나면 연락해. 잘 가라."

일어나서 나오려는데 그 아이가 내 뒤에서 말했다.

"잠깐만요."

나는 깜짝 놀라 돌아보았다.

"어?"

"한 가지만 물어봐도 될까요?"

"뭔데?"

그날 그 아이가 한 질문이 아직도 잊히지 않는다.

"은혜를 받고 싶은데, 안 받아지는데 어떡해요?"

"뭐라고?"

"나도 예수님 만나고 싶은데, 안 만나지는데 어떡하냐고요?"

그 말에 내 마음이 시렸다. 그래서 그 아이를 붙들고 얘기했다.

"잘 들어. 우리는 하나님을 알고 싶다고 알 수 있는 존재가 아니야. 이 세상에 의인은 하나도 없고, 깨닫는 자도 없고, 하나님을 찾는 자도 없고, 다 치우쳐 한 가지로 무익하게 되고, 선을 행하는 자도 없어. 그런데 왠지 네가 하나님을 만나고 싶고, 지금 아니면 하나님을 못 만날 거 같고, 하나님을 붙들어야겠다는 생각이 들고, 하나님이 네게 복을 주시지 않으면 여기를 못 떠날 것 같은 그 마음이 어디서 왔다고 생각하니?"

여기까지 말하니까 그 아이가 말했다.

"주님께서 제 마음에 계세요?"

"맞아!"

그 순간, 아이의 눈에서 눈물이 주르륵 흘러내렸다. 그리고 그 자리에서 눈물로 예수님을 영접했다. 아이와 인사하고 나는 주님께 감사드렸다.

'하나님, 감사합니다.'

한 5분쯤 있으니까 간 줄 알았던 그 아이가 여자 친구를 데리고 왔다.

"이 아이한테도 똑같이 얘기해주세요."

그 여자아이에게도 말씀을 전하니까 또 울면서 예수님을 영접했다. 둘이 돌아가는 걸 보면서 '이제 끝이구나' 생각했는데 30분쯤 지나니까 나머지 애들을 다 데리고 왔다. 역시 같은 말을 해주었고 그 아이들이 모두 예수님을 영접하는 집단 개종 사태가 일어났다. 할렐루야!

우리가 하나님을 알게 된 것은 내가 원해서가 아니라 그분께서 내게 와주셨기 때문이다. 그분이 나를 먼저 잡아주셨기에, 내가 그분을 따르기 위해서 오늘도 힘있게 달려갈 수 있다.

우리가 사랑함은 그가 먼저 우리를 사랑하셨음이라 요일 4:19

모든 직무를 다하라

하루는 한 목사님이 우스갯소리로 내게 이런 말씀을 하셨다.

"김 목사는 죄가 많아."

"네?"

"중고등부 사역하는 목사는 죄가 많은 목사야."

내가 말씀을 전하면서 가장 힘든 집회를 꼽자면 첫 번째가 목회자 자녀 세미나이고 두 번째가 중고등부 집회다. 특히 한국 청소년들은 쉽지가 않다. 목사님이 올라와도 자기들이 할 일을 계속한다. 일단 무슨 말을 하는지 듣고 판단하고 질문하는 게 아니라 그냥 무시하고 자기 할 일을 한다.

그럼에도 나는 이 사역을 계속하고 있다. 중고등부 학생이 한 명만 있어도 땅 끝까지 간다. 이 아이들이 소망 덩어리이기 때문이다. 중고등학생은 사상만 바꾸면 혁명을 일으킬 수 있는 사람들이다. 하나님께서 급하시다보니 나처럼 부족한 사람을 중고등부 학생들을 위해서 사용해주시는 것 같다. 고등학교를 졸업하고 선배의 자격으로 한국 청소년 캠프에서 간증을 하기 시작한 후로 목사이자 선교사가 되어 사역하는 지금까지 청소년들을 향한 소망과 기대를 잃어버리지 않게 해주신 하나님께 감사드린다.

젊은 선교사인 나에게는 소원이 하나 있다. 처음 부르심 받은 그 소명이 일평생 변질되지 않고 끝까지 종의 모습으로 살면서, 자기 몸에 지닌 것을 사람들한테 다 나눠주고 자신을 불태우며 복음의 길을 달려가는 선배 선교사님의 모습을 보고 싶다. 세상이 보기 원하는 것은 무엇일까. 아마도 이런 게 아닐까?

"나는 하나님을 믿지 않고 성경도 믿지 않지만, 교회 다니는 사람들, 하나님의 자녀요, 성도라는 사람들에게서 살아계신 하나님을 보고 싶다."

청년들과 중고등부 학생들에게는 소망이 있다. 그들이 바뀌면 세상이 바뀐다. 그래서 나는 오늘도 그들을 만나러 간다.

또 한 가지 이유가 있다면 주님이 가라 하시니 간다.

예수를 나의 구주 삼은 사람의 동일한 고백은 이것이다.
"세상과 나는 간 곳 없고 구속한 주만 보이도다."

때로는 '주님, 너무 힘들어요' 라고 말할 때가 있다. 그러면 주님께서 이렇게 말씀하신다.

"요한의 아들 시몬아, 네가 나를 사랑하느냐?"

처음 성경을 읽을 때 이해가 안 가는 부분 중에 하나가 이 본문이었다. 왜 예수님은 세 번이나 베드로에게 같은 질문을 하실까.

"요한의 아들 시몬아, 네가 나를 사랑하느냐?"

"주께서 아시나이다."

"내 양을 먹여라."

"요한의 아들 시몬아, 네가 나를 사랑하느냐?"

"주께서 아시나이다."

"내 양을 쳐라."

"요한의 아들 시몬아, 네가 나를 사랑하느냐?"

"주께서 아시나이다."

"내 양을 먹여라."

베드로가 예수님을 세 번 부인했기 때문에 그의 죄책감을 치유해주기 위해 세 번 물어보셨다고 하는 말을 들었다. 그럴 수 있겠다는 생각이 든다. 하지만 예수님 시대 문화와 배경을 100퍼센트 이해한 유대인들이 읽는 히브리어 성경을 보면 세 질문의 의미가 다 다르다는 걸 알 수 있다.

첫 번째 대화에 등장하는 "내 양을 먹이라"에서 '양'은 히브리어로 '쫀'이라는 단어다. 이는 '양' 한 마리를 말하는 것이 아니라 양과 염소가 섞여 있는 '무리'를 말한다. 말씀을 선포했을 때 그것을 듣고 가슴을 찢는 사람이 있고, 관심이 없어 핸드폰을 가지고 노는 사람이 있다. 양하고 염소, 알곡과 쭉정이가 섞여 있다. 하지만 예수님은 '네가 나를 사랑한다면, 너는 가리지 말고 먹여라'라고 하시는 것이다.

두 번째 대화에서는 내 양(쫀)을 "치라"고 하신다. 그들을 올바른 길로 인도하라는 것이다. 구원의 기준을 높이라는 것이다. 가벼운 싸구려 은혜가 아니라 값진 은혜의 복음을 전해야 한다. 주님 한 분만을 원하기에 나의 소유를 다 팔아서라도 그분을 얻길 원하는, 그 복음을 전해야 한다. 이러한 사람들은 세상이 감당치 못하는 자들이 될 것이다.

이렇게 복음을 전하게 되면 교회 안에서 물과 기름이 나눠지듯 양과 염소가 갈라지기 시작한다. 자기의 소욕을 챙기기 위해서 교회 나오는 사람과 주님만을 원해서 교회 나오는 사람이 갈라진다. 그리하여 세 번째 대화에 나오는 '양'은 '이미 선별된 양'을 가리키는 것이다.

> 그러나 너는 모든 일에 신중하여 고난을 받으며 전도자의 일을 하며 **네 직무를 다하라** 딤후 4:5

"네 직무를 다하라"라는 이 말씀은 나의 맡은 사명이 좋든 싫든, 좋은 환경이든 나쁜 환경이든, 주님 오시기 전까지 할 일이 남아 있기에 그것을 해야 한다는 뜻이다. '주님, 너무 힘들어요'라는 나의 기도에 주님의 대답은 이렇다.

'여기에는 양도 있고, 염소도 있어. 네 말을 들으며 '바로 살겠습니다' 하는 아이들도 있고, 끝까지 핸드폰 가지고 노는 아이들도 있고, 뒤에 누워 자다가 중간에 일어나서 단체로 화장실 가는 아이들도 있다. 그래도 너, 나 사랑하니? 그렇다면 나를 위해서 그들에게 공평하게 하나님의 말씀을 들려줘라.'

예수를 바라보라

나는 영화 〈글래디에이터(Gladiator)〉를 참 좋아한다. 영화의 첫 장면은 이것이다. 로마 제국이 온 세계를 점령해 나가다 게르마니아의 마지막 지역을 점령하고자 전쟁이 시작된다. 로마 군대가 칼과 창과 활을 들고 서 있다. 건너편에서는 게르마니아 군이 전열을 갖추고 있다. 전투 전에 침묵이 흐른다. 잠잠함 가운데 막시무스 장군(러셀 크로우 분)이 말을 타고 나와 로마 군대에게 말한다.

"우리가 살아서 행하는 이 모든 일은 영원토록 메아리칠 것이다."

그 순간 로마 군대가 "와" 함성을 지르며 일어나 뛰어나간다. 숙기 위해서….

세상은 전쟁터다. 주님은 우리를 쉴만한 물가로 인도하시는 목자인 동시에 우리의 사령관이 되신다. 그분은 우리를 마지막 시대에 군사로 부르신다. 그리고 전쟁터로 나가라고 하신다. 그냥 나가라는 것이 아니다. 끝까지 싸워 이기고, 믿음을 지켜내는 자에게는 의의 면류관을 허락해주겠다고 말씀하신다. 그 순간 우리는, "와" 하고 달려나가는 거다.

그런데 여기서 한 가지 문제가 있다. 우리 중에 끝까지 싸울 사람이 한 명도 없다는 것이다. 앞서 봤듯이 자기 사욕을 채우기 바쁘고, 허탄한 삶을 분별하지 못하고 좇아가고 있는 것이 우리다. 그래서 성경은 '너는 할 수 없어'라고 하면서 복음을 주신다.

"믿음의 주요 너를 온전하게 하시는 이인 예수를 바라보라!"(히 12:2).

이 모든 것을 이루는 방법은 '동행'이다. 주님은 이 한 가지를 원하신다.

"네가 나의 영광을 위해서 살기를 원하니? 나를 얻기 위해서 희생하기를 원하니? 그리고 많은 열매를 맺기를 원하니? 그렇다면 나와 함께 동행하자."

나의 사랑, 내 어여쁜 자야 일어나서 함께 가자 아 2:10

그럼 혹자는 이렇게 말할지도 모른다.

"좋네요. 주님과 가니 행복한 길이고, 좋은 길이고, 즐거운 길이네요, 고통과 아픔과 희생과 환란이 어디 있습니까?"

그렇지 않다. 주님과 함께 가는 길은 고통과 아픔과 희생과 가난과 외로움과 때로는 죽음의 어두운 장막이 덮친다. 왜냐하면 우리가 따라가는 주님은 오늘도 좁은 길을 선택하시고 그 길을 가시기 때문이다. 아흔아홉 마리의 구원받은 양이 있는 곳은 스포트라이트가 있는 곳이다. 하지만 한 마리 잃어버린 양이 있는 곳은 핍박받는 곳이다. 아흔아홉 마리 구원받은 양이 있는 곳은 기뻐 뛰며 찬양할 수 있지만 하나님의 주된 관심은 한 마리 잃어버린 양이 있는 곳, 복음을 외치면 죽임을 당하는 곳이다.

거듭 말하지만 앞으로 올 시대는 정말 만만치 않다. 전쟁과 전쟁에 대한 소문, 지진과 기근이 너무나 가까운 곳까지 왔다. 분명한 것은 지난 겨울보다 이번 겨울이 춥고, 다음 겨울이 더 추울 것이다. 여름도 마찬가지다. 온도 차이가 심하면 심할수록 비와 눈은 더 심하게 내릴 것이다. 이렇게 되면 농사를 망칠 것이고, 식량 부족은 더 심해질 것이다. 기근이 오면 사람들은 식량을 두고 전쟁할 것이고, 이렇게 사회가 혼란에 빠질 때 믿음을 지키는 사람들은 많지 않을 것이다. 그래서 주님께서 이렇게 경고하시지 않았나 생각한다.

'내가 이 세상에 다시 올 때 믿음 있는 자를 보겠느냐?'

아흔아홉 마리의 구원받은 양이 있는 곳은
스포트라이트가 있는 곳이다.
하지만 한 마리 잃어버린 양이 있는 곳은 핍박받는 곳이다.

내가 할 수 없기에 2천 년 전에 주님이 오셨다.

"아버지, 아무래도 제가 다녀와야 되겠습니다. 끝까지 싸울 사람이 한 명도 없습니다. 제가 다녀오겠습니다."

그분은 하늘나라의 의의 면류관을 벗어놓으시고 하나님과 동등됨을 취할 것을 여기지 아니하시고 자기를 비우사 종의 형상을 입으시고 인간의 모습으로 이 세상에 오셨다(빌 2:6-8). 왕관이 씌워져야 할 그분의 머리에, 의의 면류관이 씌워져야 할 그분의 머리에 가시 면류관이 씌워졌다.

그분의 머리에 가시 면류관이 씌워지는 순간, 우리에게는 의의 면류관이 보장된다. 주님이 성문 밖으로 쫓겨나시는 순간, 우리는 성문 안으로 들어온다. 주님께서 아버지 품 밖으로 쫓겨나는 순간, 우리는 아버지 품 안으로 들어온다. 주님이 질고를 받으시는 그 순간 우리의 상처는 아물게 된다. 주님이 버림받으신 그 순간 우리는 영접을 받게 된다.

그 예수님을 바라보자. 그날까지 살아남을 수 있는 방법은 단 하나다. 온 세상 뒤집어지는 그날, 예수님을 바라보면 된다. 요한계시록에서 요한은 끊임없이 보좌에 계신 어린양을 바라보고 있다. 요한계시록에서 펼쳐지는 현실은 상상을 초월한다. 그 현실이 눈앞에 펼쳐질 때 우리는 분명히 이렇게 생각할 것이다.

'설마, 하나님! 우리를 잊으셨습니까? 하나님, 어디 계십니까? 이

모든 일에 개입해주세요. 하나님, 정녕 우리를 버리셨습니까?'

그런 말이 나오는 순간, 잠시 멈추고 눈을 들어 보좌에 계신 어린양을 바라보자. 여전히 그분이 이 모든 것을 다스리고 계시다는 사실을 기억하자. 온 세상이 뒤집어지고, 파도가 닥쳐오고, 하나님이 안 계신 거 같은 현실에서 하늘을 바라보면 어린양이 보좌에 앉아 계심을 볼 수 있을 것이다. 오늘도 나를 위해서 손들고 계신 예수님을 바라본다면 우리는 이렇게 고백하게 될 것이다.

"어떠한 환난과 핍박이 와도, 이 세상 뒤집어지고, 내가 거꾸로 매달림을 당하고, 욱여쌈을 당하고, 매일 죽음에게 던진 바 된 것 같으나 우리를 사랑하시는 이로 말미암아 이 모든 것에 넉넉히 이기느니라."

철인은 최악의 상황을
최고의 상황으로
바꿀 수 있는
능력을 가지고 있다.
이런 자는
세상이 감당치 못한다.

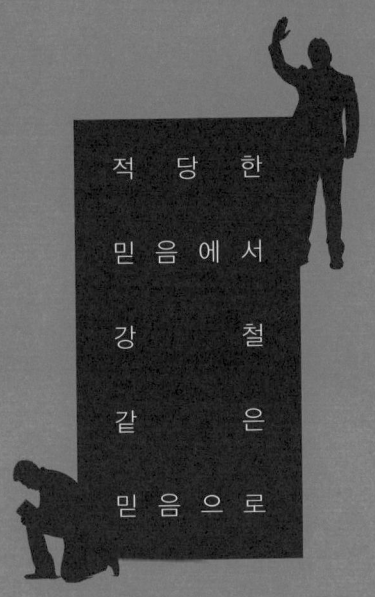

적당한 믿음에서 강철같은 믿음으로

5
CHAPTER

세　　상　　이

감 당 치 못 할

믿 음 의 사 람

적당한 믿음에서 강철 같은 믿음으로

두 종류의 사람

전 세계를 다니면서 두 종류의 사람이 있음을 본다. 배부른 자와 배고픈 자, 있는 자와 없는 자다. 있는 자들은 많이 먹어서 성인병에 심장마비, 비만증에 걸린다. 많이 먹어서 질적인 불평을 한다.

"에이, 음식이 너무 짜."

반면, 없는 사람들은 못 먹어서 영양실조로 죽어가고 있다.

이런 일이 영의 세계에서도 똑같이 일어난다. 많이 먹어서 영적 비만증, 영적 성인병에 걸려 질적인 불평을 한다.

"에이, 예배가 왜 이렇게 길어."

그러나 다른 쪽은 한 마디의 복음조차 들어보지 못하고 죽어가고 있다. 하나님이 보실 때 이건 불의(不義)다.

우리는 과식이라고 하면 많이 먹어서 "아우, 배불러. 소화제를 먹어야겠네" 하는 걸로 생각한다. 그러나 기독교 전통에서 과식(gluttony)은 큰 죄 중에 하나이다. 형제와 내가 둘 다 똑같이 굶고 있는데 땅콩 한 알이라도 통째로 내 입으로 들어간다면 그게 과식이다. 왜냐하면 '네 형제를 내 몸과 같이 사랑하라(마 22:39 참조)' 하신 계명을 어기는 죄를 범했기 때문이다. 네 형제를 내 몸과 같이 사랑했다면 땅콩 한 알도 나눠 먹는다.

지금 서울에서 택시 운전을 하시는 목사님이 약 1천 명이라고 하는 말을 들었다. 바로 옆 중국 땅에서는 복음을 한 마디도 들어보지 못하고 죽어가는 영혼들이 있고, 교역자가 없어서 여 전도사님 한 분이 27개 교회를 목요일 저녁부터 화요일 오전까지 산 넘고 강 건너 예배를 섬기러 다니고 계신다. 한쪽은 흘러넘치고, 한쪽은 턱없이 부족하다. 매년 하나님의 일꾼들이 계속 나오는데 한 곳에만 밀집돼 있다. 하지만 우리가 알아야 할 것은 예수님은 한 가지 조건 안에서만 오신다는 사실이다.

> 이 천국 복음이 모든 민족에게 증언되기 위하여 온 세상에 전파되리니 그제야 끝이 오리라 마 24:14

> 또 복음이 먼저 만국에 전파되어야 할 것이니라 막 13:10

하나님께서는 오늘도 예수 그리스도의 재림을 탄식하며 기다리고 계신다. 예수 그리스도의 다시 오시는 날이야말로 모든 악(惡)과 죽음과 죄를 하나님께서 물리치시는 날이기 때문이다. 그날은 주님께서 공의로, 평화의 왕으로 오셔서 다스리시는 날이다. 주님께서 모든 눈물을 닦아주시고, 화목케 하시며, 회복시키시어 우리로 하여금 온전케 하시는 날이다. 그날은 땅 끝까지 복음이 전파되어야 온다. 그런데 내가 가지고 있는 것을 풀지 않으면 땅 끝까지 복음이 전파되지 않는다.

많은 경우 우리의 소원은 나의 사업, 나의 대학, 나의 가정 등 내가 잘되는 것에 있다. 그러나 하나님의 관심은 나 정도가 아니다. 물론 나를 사랑하시지만 그분의 가장 큰 관심은 우주 만물의 회복과 천하 만민이 구원받고 하나님나라가 승리하는 것에 있다. 그러기에 우리는 막연하게 나 혼자 잘살고, 열심히 사는 것이 아니라 수단과 방법을 가리지 않고 땅 끝까지 복음이 전파됨으로 예수 그리스도의 재림을 이루어드리는 데 집중해야 한다.

이 일을 위해서는 내가 가진 것을 유통해야 한다. 나의 자녀를 파송하고, 내 물질을 유통하고, 내 무릎을 주님 앞에 꿇어야 한다.

철인의 탄생

마가복음 16장에서 부활하신 예수님이 하늘로 올라가시기 전에 제자들에게 말씀하신다.

또 이르시되 너희는 온 천하에 다니며 만민에게 복음을 전파하라 믿고 세례를 받는 사람은 구원을 얻을 것이요 믿지 않는 사람은 정죄를 받으리라 **믿는 자들에게는** 이런 표적이 따르리니 곧 그들이 내 이름으로 귀신을 쫓아내며 새 방언을 말하며 뱀을 집어올리며 무슨 독을 마실지라도 해를 받지 아니하며 병든 사람에게 손을 얹은즉 나으리라 하시더라 막 16:15-18

나는 이 말씀을 한 문장으로 이렇게 표현하고 싶다.
"내(예수님)가 세상 끝날까지 너희와 함께하리니 나는 복음을 위하여 보냄을 받은 너희를 결단코 철인으로 만들어내리라."

말씀 속에 '철인(鐵人)'이라는 단어는 없지만 나는 주님께서 약속하신 사람의 모습이 바로 철인이라고 생각한다. 어떤 일도 감당할 수 있는 사람, 어떤 고난에도 무릎 꿇지 않는 사람, 넘어져도 다시 일어나는 사람, 세상이 감당치 못하는 사람이 바로 철인이다. 철인이란 한마디로 끄떡없는 사람이다.

나는 이 철인이 예수 그리스도의 다시 오심을 갈망하며 마지막 시대를 사는 크리스천의 모습이라고 생각한다.

그렇다면 누가 철인이 될 수 있을까?

이 말씀에서 주님께서는 믿는 모든 자들은 철인의 약속을 받는다고 선포하고 계신다. 예수님을 믿는 사람들은 반드시 이 세상이 감당치 못하는 철인이 될 수밖에 없다고 말이다. 여기서 짚고 넘어가야 할 것은 대체 '믿는다는 것'이 무엇인가이다. 마가복음 16장을 통해서 그 믿음의 특징들을 살펴보자.

첫 번째, 믿음이란 주님이 말씀하신 것을 그대로 받는 마음이다. 마가복음 16장에서 반복되는 한 단어가 있다. 그것은 '피스티스(Pistis)', '피스테오(Pisteuo)'다. '믿음, 믿는다, 신뢰한다'라는 뜻이다. 마치 마가복음 16장의 테마가 이 단어와 깊은 연관이 있는 듯 이 장에서 여섯 번이나 사용되고 있다. 왜 주님께서는 제자들을 파송하시면서 믿음에 대해 말씀해주셨을까? 그것은 믿음으로 땅 끝까지 갈 수 있기 때문이다.

지금 우리에게도 마찬가지다. 나의 믿음의 고백이 어디까지냐에 따라서 마지막 시대를 얼마만큼 견딜 수 있느냐가 정해진다. 오늘 나의 신앙고백만큼 내가 살아갈 수 있다. 만약 당신의 믿음이 주님을 통해서 오는 복과 평안과 형제들의 교제와 위로만이라면 심각한 문제다. 환난이 왔을 때 그것을 감당해낼 수 있는 틀이 존재하지 않기 때문이다.

하지만 오늘 내가 주님으로 인해 고난받기로 작정하고, 현재의 고난이 장래에 임할 은혜와 영광과 족히 비교할 수 없음을 믿는 믿음이라면 주님 오시는 날까지 어떠한 환난과 폭풍이 온다 할지라도 넉넉히 감당하게 될 것이다.

두 번째로 믿음은 선택받은 사람에게 주시는 선물이다. 우리는 나 자신의 노력과 훈련과 계획을 통해 철인이 될 수 있을 거라고 생각한다. 하지만 믿음은 절대적인 하나님의 부르심이다. 천국 정문에 가면 "누구든지 들어오십시오"라고 기록돼 있다고 한다. 그렇게 정문을 열고 들어가서 문 뒤쪽을 보면 "당신은 이미 선택받았습니다"라는 말이 써 있다고 한다. 결국은 내가 믿는 것도 하나님의 선택이요, 하나님을 찾을 수 있는 것도 하나님의 선택이란 사실이다. 그러한 선택의 표증을 확인하며 주님 앞에 나간다면 우리는 그 어떤 시대의 크리스천들보다 더 강력한 삶을 살게 될 것이다. 에베소서 2장 8, 9절에서 그런 삶을 말해주고 있다.

"너희가 그 은혜에 의하여 믿음으로 말미암아 구원을 받았으니 이것은 너희에게서 난 것이 아니요, 하나님의 선물이라 행위에서 난 것이 아니니 이는 누구든지 자랑하지 못하게 함이라."

또 하나, 이 선물을 누구도 빼앗을 수 없다.

내가 확신하노니 사망이나 생명이나 천사들이나 권세자들이나 현재

일이나 장래 일이나 능력이나 높음이나 깊음이나 다른 어떤 피조물이라도 우리를 우리 주 그리스도 예수 안에 있는 하나님의 사랑에서 끊을 수 없으리라 롬 8:38,39

주님께서 우리에게 주신 영생, 하나님의 자녀가 되는 특권, 하나님과 교제할 수 있는 은혜, 이 모든 것은 세상이 빼앗을 수 없다.

세 번째, 믿음은 보냄 받은 사람들에게만 들리는 하나님의 음성을 듣는 것이다. 하나님께 선택받은 사람들에게만 들리는 음성이 있다. 깊은 교제 속에서 말씀하시는 주님의 음성과 그 손길을 경험해야 한다.

하나님께서는 이 세상을 바라보시면서 특별히 주님과 깊이 교제할 사람들을 찾고 계신다. 주님은 그들에게 크고 비밀한 것들을 보이기를 원하시는 것 같다. 그런데 그러한 음성을 듣는 이들, 하나님의 위대한 경영 속에 참여해서 주님 오시는 과정들을 바라보는 사람들이 너무 적다.

성경에 나왔던 모든 의인들, 믿음의 선진들이 하나님과 깊이 교제하며 그분의 음성을 들었다.

"애야, 넌 이제 산으로 올라가지마, 동굴로 들어가."

"동굴로 들어가지마. 바다로 가."

"왼쪽으로 가지마. 오른쪽으로 피해. 그쪽으로 가면 안 돼. 밭으로 나가."

순간순간 인도해주시는 성령님의 음성이 없이는 마지막 시대를 감당할 수 없다. 그러나 안심하라. 어제보다 오늘, 세상이 더 악해졌지만 그만큼이나 분명한 것은 나를 도우시는 성령님의 능력도 더 왕성해졌기 때문이다.

창세기에서는 사탄이 뱀의 모습으로 나오는데 요한계시록에서는 일곱 머리 달린 용의 모습으로 나온다. 창세기에 나오는 성령님은 비둘기와 같이 운행하시지만 요한계시록에 나오는 성령님은 일곱 영으로 등장하신다. 그 성령님께서 나를 도우신다. 내일이 환난이고 평안이 아니지만 한편으로는 하나님나라도 더 왕성해져 간다. 어제보다 오늘 성령님의 인도하심도 강렬하고 말씀의 빛도 강렬해지고 있다.

어느 쪽을 선택하며, 어떠한 현실을 살아가느냐는 나의 책임이다. 주님과 깊은 교제 속에서 주님의 마음을 알아드리고 그분의 경영에 참여하기 위해 두려워하지 말고 끝까지 달려가자.

> 그런즉 그들을 두려워하지 말라 감추인 것이 드러나지 않을 것이 없고 숨은 것이 알려지지 않을 것이 없느니라 내가 너희에게 어두운 데서 이르는 것을 광명한 데서 말하며 너희가 귓속말로 듣는 것을 집 위에서 전파하라 마 10:26,27

또 어떤 이들은

내가 무슨 말을 더 하리요 기드온, 바락, 삼손, 입다, 다윗 및 사무엘과 선지자들의 일을 말하려면 내게 시간이 부족하리로다 그들은 믿음으로 나라들을 이기기도 하며 의를 행하기도 하며 약속을 받기도 하며 사자들의 입을 막기도 하며 불의 세력을 멸하기도 하며 칼날을 피하기도 하며 연약한 가운데서 강하게 되기도 하며 전쟁에 용감하게 되어 이방 사람들의 진을 물리치기도 하며 여자들은 자기의 죽은 자들을 부활로 받아들이기도 하며 **또 어떤 이들은** 더 좋은 부활을 얻고자 하여 심한 고문을 받되 구차히 풀려나기를 원하지 아니하였으며 또 어떤 이들은 조롱과 채찍질뿐 아니라 결박과 옥에 갇히는 시련도 받았으며 돌로 치는 것과 톱으로 켜는 것과 시험과 칼로 죽임을 당하고 양과 염소의 가죽을 입고 유리하여 궁핍과 환난과 학대를 받았으니 (이런 사람은 세상이 감당하지 못하느니라) 그들이 광야와 산과 동굴과 토굴에 유리하였느니라 히 11:32-38

이 말씀 속에 있는 한 구절을 주의깊게 살펴볼 필요가 있다. 그 단어는 헬라어로 '알로스', 영어로는 "there are others", 우리말로는 '또 어떤 이들은'이다. 그것을 전후로 두 종류의 사람들이 정리되어 있다.

전반부를 한 마디로 요약하면 '죽을 뻔했다가 산 사람들'이다. 죽을 뻔했다가 살아나고, 파괴될 뻔했다가 건져냄을 받고, 망하다가 구원을 얻은 사람들이다. "불의 세력을 멸하기도 하며"는 다니엘의 세 친구 사드락과 메삭과 아벳느고를 가리킨다. "사자들의 입을 막기도 하며"는 다니엘이다. 사실 우리는 죽을 뻔하다가 살아난 간증을 좋아한다.

"나는 암 판정을 받고, 한 달밖에 못 산다고 해서 마지막 수단으로 기도원에 들어갔습니다. 하나님을 신뢰하고 기도했습니다. 기도하고, 금식하던 어느 날 꿈을 꿨는데 제 몸속에서 구렁이가 나가더라고요. 그리고 다음 날 일어나보니 암 세포가 다 죽어 있었습니다."

성도들은 이런 간증을 들으면 "아멘" 한다. 그리고 내 삶 속에서 그러한 간증을 만들어내고자 하나님께 요구하기 시작한다. 그러나 이런 하나님의 도우심은 보편적인 것이 아니다. 주님께서는 그러한 단면적인 믿음으로는 이 시대를 감당할 수 없다고 하신다.

"또 어떤 이들은…."

이 말은 똑같이 믿었는데 결과가 달랐다는 것이다. 어떤 사람들은 믿고 구해서 원하는 것을 얻었다. 그러나 또 어떤 사람들은 똑같이 주님을 신뢰하고, 믿었는데 구하심을 경험하지 못했다. 예를 들어 사도 베드로는 복음을 전하다가 잡혀가서 옥중에서 주님께 부르짖었다. 베드로의 제자들도 베드로를 꺼내달라고 하나님께 믿음으로 외쳤다. 하나님께서 그 믿음의 기도를 들으시고 베드로를 꺼내주셨다. 반면 세례 요한과 같은 사람도 있다. 그도 복음을 전하다가 감옥에 들어갔고 그 제자들도 동일하게 믿음으로 기도했다. 그런데 하나님께서는 세례 요한의 목을 자르시고, 데리고 가셨다. 똑같이 믿었는데 운명이 달랐다.

다른 예로는 다윗과 요나단이 있다. 다윗은 하나님께 순종하고, 하나님을 위해서 달려갔더니 죽을 뻔한 고비를 수도 없이 넘기게 하시어, 결국 왕으로 세우시고, 한 나라의 통치자로서 위대하게 사용하셨다. 요나단도 아버지께 순종하고, 하나님을 사랑하고, 친구에게 신실했다. 그런데 하나님께서 이름도 모르는 먼 나라에서 그의 생명을 취해가셨다.

많은 경우 우리는 하나님의 일하심에 대해 우리 식대로 생각하는 경우가 있다. 그중 하나가 '하나님이 나를 연단하신 후에 반드시 사용하실 거야'라는 것이다. 꼭 그렇지는 않다. 욥을 보라. 자녀가 죽고, 몸에 병이 생기고, 가정이 산산조각 나고, 모은 재산을 다 날려버렸다. 그런데 욥은 자신이 왜 그러한 고난을 당했는지 끝내 모르는 채로 욥기는 끝난다. 우리 삶 속에 있는 많은 고통과 아픔과 어려움의 이유를 납득하기도 전에 인생을 마칠 수가 있다. 내가 본 바로는 하나님께서 훈련시키시고 사용하기 전에 데리고 가신 사람들이 더 많은 거 같다.

전자의 운명이나 후자의 운명을 종합적으로 볼 때 믿음이란 하나님의 신실하심이 어제도, 오늘도, 내일도 나의 어떠한 문제 속에서도 변치 않으심을 믿는 것이다.

"세상이 뒤집어져도 하나님께서 나를 사랑하신다는 것만은 분명해."

"나의 모든 삶이 무너져내린 것 같아도 하나님은 아직 나를 버리지 아니하셨음이 분명해."

바로 이렇게 고백하는 철인에게 또 하나 주어지는 선물이 있다. 그것은 바로 아직 오지 않은 선물, '더 좋은 부활'이다.

더 좋은 부활

또 어떤 이들은 **더 좋은 부활**을 얻고자 하여 심한 고문을 받되 구차히 풀려나기를 원하지 아니하였으며 히 11:35

부활이면 부활이지 더 좋은 부활이라니…. 그렇다면 더 좋은 부활은 무엇일까. 내가 방금 죽은 사람에게 안수해서 그 사람이 살아난다 해도 이 사람은 다시 죽는 날을 맞이하게 된다. 언젠가 또 죽지 않으면 안 되는 운명이란 사실이다. 지금 내 문제가 해결된다 한

들 솔직히 아무 소용없다. 언젠가는 다른 방법으로 다른 문제가 또 터질 테니까. 성경에서 말하는 참된 소망, 더 좋은 부활은 이 땅에서 문제가 해결되는 정도의 것이 아니다.

문제 해결을 믿는 것이 믿음이 아니다. 믿음은 최후의 날, 나에게 갚아주실 신실하신 하나님을 신뢰하는 것이다. 내 목에 칼이 들어온다 해도 하나님을 신뢰하는 그 믿음이어야 오늘을 지탱할 수 있다. 신앙의 선조들이 몸소 이런 믿음의 본을 우리에게 보여주셨다. 그러한 선조들의 발자취를 따라가는 것이 참으로 행복하다.

나는 천국에 가면 제일 먼저 뵙고 싶은 분이 있다. 이사야 선지자, 예레미야 선지자, 다 귀한 분들이지만 제일 먼저 주기철 목사님을 보고 싶다.

신사참배를 하는 것이 일본 제국에게는 큰 의미를 가지고 있었기에 종교의 대표자인 주기철 목사님이 그 앞에 굴복하기 원했다. 그런데 여간해서 되지 않자 목사님의 마음이 약해지도록 일주일에 한 번씩 집으로 보냈다. 네가 없이 처자식이 살아남을 수 있는지 직접 가서 보고 오라는 심산이었다. 그렇게 되면 마음이 약해져서 굴복하리라 생각한 것이다. 목사님이 형무소에서 나와 집으로 향한다. 사모님은 자녀들을 혼자 먹여 살리기 위해서 밤에도 집에서 일하고 있다가 목사님이 마당으로 들어오는 소리를 듣는다.

"당신입니까?"

"나 왔소."

그러자 사모님이 이렇게 말씀하신다.

"살아서 돌아오면 내 남편이 아니요, 죽어서 오면 내 남편입니다. 돌아가시지요. 끝까지 믿음을 버리지 마시지요."

목사님은 집까지 갔다가 다시 형무소로 돌아가셨다. 그러한 갖은 회유와 협박, 잔인한 고문과 수욕과 고통의 경주를 달려내시고 순교하기 직전에 '일사각오(一死覺悟)'라는 설교를 남기셨다.

"나의 사랑하는 교우 여러분, 그리스도의 사람은 살아도 그리스도인답게 살고, 죽어도 그리스도인답게 죽어야 합니다. 죽음이 무서워 예수님을 저버리지 마십시오. 풀의 꽃과 같이 시들어 떨어지는 목숨을 아끼다가 지옥에 떨어지면 이보다 두려운 것이 어디 있겠습니까? 한 번 죽어 영원한 천국의 복락을 얻는다면 이보다 즐거운 것이 어디 있겠습니까?

이 주 목사가 죽는다고 결코 슬퍼하지 마십시오. 나는 내 주님밖에 다른 신 앞에서 무릎을 꿇고는 살 수 없습니다. 더럽게 사는 것보다 차라리 죽고 또 죽어 주님을 향한 나의 정절을 지키려 합니다. 나의 주님을 따라서 가는 죽음은 나의 소원입니다. 나에게는 일사각오가 있을 뿐입니다. 소나무는 죽기 전에 찍어야 시푸르고 백합화는 시들기 전에 떨어져야 향기롭습니다. 세례 요한은 33세, 스데반도 청장년의 뜨거운 피를 뿌렸습니다. 이 몸도 시들기 전에 주님

제단에 제물이 되겠습니다.

한 걸음만 양보하면 그 무서운 고통을 면하고 상을 준다는 데에 많은 사람들이 넘어갑니다. 말 한마디만 타협하면 살려주는 데는 용감한 신자들도 넘어지게 됩니다. 하물며 나같이 연약한 약졸이 어떻게 장기간의 고난을 견디어 배기겠습니까? 다만 주님께 의지하는 것뿐입니다. 예수께서는 끝까지 참는 사람은 구원을 얻으리라고 신신부탁하셨습니다."

이 분들은 모두 고난을 받되 그것을 구차히 면하려고 하지 않았고 더 나은 부활을 사모했다. 더 나은 부활은 오늘 내 문제가 해결되는 게 아니다. 오늘 죽은 사람이 다시 한 번 일어나는 것이 아니다. 더 나은 부활이란 영원한 부활을 가리킨다. 결국 주님이 다시 오시는 것에 내 마음이 불타오르지 않는다면 끝까지 이 믿음을 지킬 수 없다. 그러나 말할 수 없는 나의 집이 하나님나라에 있다는 것을 정말로 확신한다면 그날까지 달려갈 수 있다.

정복자 철인

철인은 정복자다. 창세기에 보면 하나님께서 우리를 하나님의 형상으로 창조하셨다고 기록하고 있다(창 1:26). 이 하나님의 형상이라는 것은 그저 하나님처럼 영적인 존재라는 차원에 머물지 않는다. 로마서에서는 이 모습을 다음과 같이 정리하고 있다.

> 이 모든 일에 우리를 사랑하시는 이로 말미암아 우리가 넉넉히 이기느니라 롬 8:37

넉넉히 이기는 사람 즉, 세상을 정복한 사람의 모습이다.
'너희는 하나님의 형상으로 지음을 받았으니 가서 번성하고, 이 땅을 다스리고, 정복하라.'
예수님 안에서 우리의 원래 모습이 회복되면 정복자 이상의 사람이 되는 것을 성경은 우리에게 말하고 있다. 현실의 법에 묶여 살아가는 것이 아니라 천국의 현실을 살아간다. 대사(大使)가 다른 나라에 가서 살아갈 때 그 나라의 법에 따라 재판을 받는 것이 아니라 자기를 보낸 나라의 법에 적용받는 것처럼 말이다. 이 세상에 살고 있지만 '이 세상'의 현실에 묶여 사는 사람이 아니라 '저 세상(하나님나라)'의 현실로 살아가는 사람들이 철인이다.
이런 일이 어떻게 이루어질까. 바로 예수님께서 이 세상에 오심으로 말미암아 이루어졌다.
"Jesus christ ushered in the kingdom of God."
미국이나 캐나다의 결혼식에 가면 양복 입은 젊은 남자들이 문 앞에 서 있다가 손님들이 오시면 좌석까지 안내한다. 이들을 'usher(안

내원)'라고 한다. 그런데 예수님께서 이 세상에 오실 때 하나님의 나라를 가지고 들어오셨다.

그렇다면 천국은 죽어서 가는 곳이 아니다. 예수님을 만나는 순간부터 내 삶에서 펼쳐지는 것이 바로 천국이다.

어렸을 때 주일학교에서 자주 불렀던 찬양이 있다. 이 노래를 그 시절 정성껏 불렀다면 얼마나 깊은 영성이 생겼을까 싶다.

돈으로도 못 가요, 하나님나라
능으로도 못 가요, 하나님나라
거듭나면 가는 나라, 하나님나라
믿음으로 가는 나라, 하나님나라

거듭나면 오늘부터라도 내 삶 속에 펼쳐지는 나라가 하나님나라다. 그리고 그 천국의 왕성함을 누릴 수 있는 것이 영생이다. 그러기에 예수님을 내 삶에 영접하고, 주인 삼고 사는 삶의 고백이 바로 이것이다.

"초막이나 궁궐이나, 구주 예수 모신 곳이 그 어디나 하늘나라."

지금 있는 자리에서 천국 현실을 사는 사람, 바로 이 사람이 철인이다.

오늘 시작되는 천국

내가 참으로 존경하는 목사님이 계신다. 지금은 소천하신 사무엘 김 목사님이신데 그 분은 '선교의 대가'라는 별명을 갖고 계셨다. 신학교를 졸업하고 목사가 되고 선교사가 된 것이 아니라, 미국 LA에서 슈퍼마켓을 운영하고 계시다가 어느 날 하나님의 강력한 부르심을 받고 일본으로 가셨다. 그리고 10년이란 짧은 시간 동안 시부야(澁谷)를 비롯해 도쿄에 일곱 개의 교회를 개척하신 훌륭한 분이다. 일본 사역 초창기, 하루는 김 목사님이 밤에 자고 있는데 전화벨이 울렸다.

"헬로우?"

일본인 청년이었다.

"지금 목사님 댁에 가도 되겠습니까?"

시계를 보니 새벽 1시였다.

"오지 마세요."

"목사님을 오늘 꼭 만나야 합니다."

"정말 저를 봐야 된다면 제가 교회로 가겠습니다."

목사님이 가서 보니 그 청년이 교회 밖에서 떨고 있었다.

"무슨 일입니까?"

"저는 와세다 대학에 다니는 요시모토라고 합니다. 늦은 시간에 목사님께 불편을 끼쳐드려서 죄송합니다."

목사님은 청년의 말을 듣고 조금 안심했다.

'와세다 대학에 다닐 정도면 그래도 이상한 청년은 아니구나.'

교회 문을 열고 청년이 먼저 안으로 들어갔고, 목사님도 따라 들어가며 불을 켜면서 청년에게 물었다.

"그런데 대체 무슨 일입니까?"

그때 갑자기 청년의 목소리가 바뀌었다.

"내가 요시모토를 죽이려고 했는데, 왜 얘가 나를 여기로 데리고 왔는지 모르겠다."

목사님은 깜짝 놀라서 벽에 붙어버렸다. 온몸에 있는 털이 다 곤두서는 것 같았다고 한다. 신학교에서 '마귀 쫓아내기' 같은 수업을 받은 적도 없고, 별의별 생각이 다 났다고 한다. 벽에 붙어서 생각을 하다가 예수님의 이름으로 명해야 할 거 같아 이렇게 말했다.

"저기요…, 내가 예수님의 이름으로 말씀드리는데 제발 좀 나가주세요."

그러자 뜻밖에도 그 청년 안에 있는 귀신이 대답을 했다.

"알겠습니다. 나가겠습니다. 하지만 그 이름만은 말하지 마세요."

'오, 이거 되네?'

목사님은 좀 더 용기를 내서 말했다.

"나사렛 예수의 이름으로 명하는데… 좀 나가주세요."

"알았어요. 나갈 테니까 제발 그 이름만은 말하지 마세요."

목사님이 더 용기를 내서 이번에는 외쳤다.

"이 더러운 사탄아, 나사렛 예수 이름으로 명하노니 청년에게서 나와라!"

그러자 갑자기 귀신이 뜻밖에 질문을 했다.

"어디로요?"

목사님은 깜짝 놀랐다. 이런 질문에는 뭐라고 대답해야 할지 몰라서 가만히 생각하다가 요한계시록에서 마지막 날 하나님께서 모든 마귀와 사탄을 무저갱 안으로 넣는다는 약속이 생각이 났다.

"나사렛 예수 이름으로 명하는데, 이 더러운 귀신아! 무저갱으로 들어가라!"

"알겠습니다. 나가겠습니다. 하지만 무저갱은 아닙니다. 언젠가 들어가야 된다는 건 아는데, 아직은 때가 아닙니다."

목사님의 말문이 막히고 말았다.

'하나님, 어떻게 합니까?'

순간, 예수님께서 군대귀신을 돼지 떼로 보냈던 장면이 생각났다. 그런데 도쿄 한가운데 돼지 떼가 있을 리 없었다. 둘러보니 교회 옆에 절이 있었다.

"교회 옆에 있는 절간으로 가라."

그러자 그 청년이 그 자리에 힘없이 쓰러졌다. 그에게 안수기도를 하고 시계를 보니까 새벽예배 시간이었다. 부교역자들과 성도들이 와서 청년의 머리에 손을 얹고 기도하는데 그 청년이 눈을 뜨면서 이렇게 고백했다.

"예수 그리스도께서 하나님의 아들인 것을 믿습니다."

이 사실을 우리는 매일 누리고 살지 못한다. 하나님의 나라는 죽어서 가는 나라가 아니다. 내가 예수님을 만나면, 오늘 나의 삶이 하늘나라가 된다. 그토록 어두웠던 가정에, 직장에, 내 심령에 그 나라가 임하는 것이다.

이렇게 살기 시작하면 정복자가 된다. 세상에 살지만, 세상의 법이 아니라 하나님의 법으로 살아가게 된다. 필요에 따라서는 그 법 이상의 삶을 살게 된다. 이것이 주님께서 우리에게 주시는 해방의 모습이요, 회복의 모습이다.

어떤 사람들은 생각한다.

'듣기는 좋은 말씀인데, 설마 지금 내 삶에서 그런 게 이루어질까?'

성경 전체가 그러한 현실을 사는 사람들의 모습을 보여준다. 아브라함은 나그네였지만 열방의 복의 근원이 되었다. 예수님이 십자가에 달려 죽으심을 통해서 열방을 향한 축복의 통로가 열렸다. 그리고 이제 우리로 하여금 그 축복을 누리게 하시는 단계까지 왔다. 그러한 하나님의 축복을 쟁취하기를 바란다.

감옥에서 생수를 마시다

중국에서 만난 한 분은 북한으로 출퇴근을 하신다. 우리와 달리 중국인들은 북한과 왕래가 가능하기 때문이다. 그 분은 아침에 리어카에다 '메이드 인 차이나(made in china)' 상품을 싣고 북한 장터에 나가서 팔고, 하루의 일과를 마치면 남은 물건을 싣고 다시 중국으로 온다. 그냥 장사만 하는 것이 아니라 장사하면서 복음을 전하신다.

그러던 어느 날, 이 분이 다른 사람의 실수로 북한으로 넘어오는 경계선에서 잡혀 수용소에 수감되었다. 그 분은 "더 깊은 곳에 들어가 복음을 전하라는 게 주님의 뜻이라면 감사히 여깁니다" 하며 형무소에 들어가서 복음을 전하기 시작했다. 수용소 사람들은 골치가 아팠다. 어떻게 할까 하다가 그를 독방에 넣었다.

북한식 독방은 가로, 세로, 높이가 모두 1미터로 한마디로 1평방미터짜리 상자다. 빛도 들어오지 않고 해가 뜨고 지는 것도 보이지 않고 전기도 없다. 시간이 얼마가 지났는지도 모른 채 하루에 한 번 구멍이 열려서 밥이 들어오고 닫힌다. 당연히 배설물도 그 안에서 해결해야 한다. 내일이 막막한 그곳에서 그 분은 무려 3개월 동안 있었다.

그것이 끝이 아니었다. 거기서 나와서도 한 달 반 동안 고문과 심문을 당했다. 그러고 또 한 달 반 동안 심문받은 내용을 다 적어야 했다. 다 합쳐서 6개월을 감옥 안에 있다가 풀려나서 다시 중국으로 돌아왔다. 내가 그 분께 물었다.

"많이 힘드셨지요?"

"아이, 뭐가요."

보통 사람은 독방에서 48시간을 못 견딘다고 한다. 정신력이 강한 사람이라고 해도 일주일을 못 견디고 정신이 이상해진다고 한다. 그런데 이 분은 3개월 동안 있었는데 아무 문제가 없었으니 이에 대한 해석이 필요했다.

"한 가지 여쭤볼게요. 도저히 이해가 안 가서요. 그곳에서 어떻게 견디셨어요?"

그때 그 분이 했던 말이 잊히지 않는다.

"저는 마시고 있었어요."

"네? 뭘 마셔요?"

"제 안의 생수 되신 예수 그리스도, 생명수의 원천되신 그분을 마시고 있었어요. 물론 상황은 바뀌었지요. 상자 밖에서 상자 안으로. 사방이 막히고 내일이 보이지 않는 어둠 속에 아무런 희망이 없이 앉아 있었지만 한 가지 변하지 않은 것이 있습니다. 밖에 있든 안에 있든, 내 안에 계신 그분은 바뀌지 않았어요."

철인은 최악의 상황을 최고의 상황으로 바꿀 수 있는 능력을 가지고 있다. 그는 고문을 당하고, 조롱과 채찍질뿐 아니라 결박과 옥에 갇히는 시련을 받고, 돌로 치는 것과 톱으로 켜는 것과 궁핍과 환난과 학대를 받는다. 이런 자를 세상은 감당치 못한다고 성경은 말하고 있다(히 11:35-38). 어떻게 최악의 상황이 최고의 상황이 될 수 있는가? 왜 욱여쌈을 당해도, 고꾸라져도 괜찮은가?

> 하나님을 사랑하는 자 곧 그의 뜻대로 부르심을 입은 자들에게는 모든 것이 합력하여 선을 이루느니라 롬 8:28

이 말씀을 믿기 때문이다. 이런 자는 문제가 해결되지 않아도 기뻐할 수 있다. 기도응답이 안 되어도 감사할 수 있다. 무화과나무 잎이 마르고, 포도 열매가 없고, 감람나무에 소출이 없고, 외양간에 소가 없어도 오직 여호와로 인해 즐거워할 수 있다(합 3:17,18). 본질을 소유한 예배자로 살아갈 수 있다. 어떤 환경에서도 끄떡없이 믿음을 지킬 수 있다.

할머니 선교사가 부르는 노래

중국 교회는 1970년부터 2000년까지 30년 동안 실로 엄청난 부흥을 경험했다. 가정교회들이 엄청나게 많아져 중국교회 성도수를 파악할 수가 없을 정도다. 대략 1억 4천만 명으로 추산하는데 이는 일본의 전체 인구보다 많은 수다. 이것이 예수님을 믿는다고 하면 끌려가고 잡혀가고 투옥되고 죽임당하는 시대에 이루어진 부흥이다.

그 시대에 중국 사람들의 마음을 불타오르게 한 노래가 있다. 이들의 신앙고백을 담은 〈宣敎的中國(선교의 중국)〉이라는 노래다. 당시 중국 가정교회 성도들은 핍박과 죽음과 가난의 현실 속에서도 함께 모여 이 찬양을 불렀다. 지금도 가정교회에 가면 좁은 방에 많은 사람들이 다닥다닥 앉아 이 찬양을 부르며 다시 한 번 하나님 앞에서 마음을 가다듬는다. 중국 성도들이 눈물을 흘리며 부르는 그 노래를 조선족 동포가 한글로 번역한 것을 소개한다.

한 여름 매미의 울음처럼 긴 노래 같은 봄날

누에가 끊임없이 뽑아내는 실과 같은 사랑이 있네.

나로 용감히 앞으로 행하도록 독촉하며

성령께서 앞에서 내 마음을 인도하시는 음성이 있네.

예루살렘을 향해 걸어갑시다.

비바람 눈비가 몰아쳐도 의지는 더욱 강해지고

나는 주님의 이름을 찬양할 것입니다.

하나님나라에서 승리할 것을 서약하면서

나는 사명을 가지고 앞으로 전진하며

깊이 잠든 중국을 마침내 깨우고야 말 것입니다.

피 흘려야 할 때라도 나는 결코 돌아서지 않을 것입니다.

나는 이상(理想, 비전)을 가지고 전진하며

선교하는 중국을 마침내 보고야 말 것입니다.

복음이 세계 방방곡곡에 전해지도록.

중국의 크리스천이 신앙을 지킬 수 있었던 것은 단 한 가지였다. 현실이 바뀌었거나 내 상황이 바뀌어서가 아니라, 마침내 세계를 향해 복음을 들고 가는 중국을 이루게 하실 주님을 바라보는 그 믿음 하나 때문이었다.

중국 교회는 1946년, 1947년에 각각 '편전복음단(遍傳福音團)'과 '서북영공단(西北靈工團)'이라는 두 팀이 예루살렘의 회복을 위해 실크로드를 타고 이스라엘을 향해 복음을 들고 출발했다.

하지만 중국이 얼마나 큰가! 육로로 걸어가면서 성령님께서 이끄시는 대로 마을에 들어가서 복음을 전하고 일정 기간 거하다가 교회를 만들고, 그 마을을 떠나서 다음 마을로 갔다. 마치 사도행전의 전도여행과도 같았다. 타클라마칸 사막을 뚫고 가면서 말씀을 전하고, 교회를 세우고, 제자를 양육하는 여정이었다.

수년에 걸쳐서 이렇게 가다가 드디어 중국과 중앙아시아 국경선에 이르렀다. 바로 이때 중국에서 사회주의혁명이 일어나면서 국경선이 폐쇄되었고, 이들은 한 사람도 남김없이 다 잡혀갔다. 중국 국경을 넘어보지도 못하고 모조리 잡혀간 것이다.

그때 투옥된 분들은 다 돌아가시고, 지금 90세가 넘으신 할머니 한 분이 살아 계신다. 그 분의 이야기를 들으면 막 흥분이 된다.

여러 이야기가 있지만 그중 하나를 소개한다. 전도단이 사막 한 가운데를 지나가는데 며칠 동안 거의 물을 못 먹고 가다가 얼마 후 결국 물이 바닥나고 말았다. 그날 밤 팀원들이 손을 잡고 기도를 했다.

"하나님, 이제 오늘 밤을 못 넘깁니다. 내일 아침이면 우리 안에는 눈을 못 뜰 사람도 있을 것입니다. 사막에서 우리는 순교할 각오로 잠자리에 듭니다."

이렇게 기도하고 잠자리에 들었다. 그런데 놀라운 일이 일어났다. 한밤중에 "콸콸콸" 소리가 나서 더듬어보니까 사막 한가운데서 일곱 줄기에서 물이 터져나오기 시작한 것이다. 그들은 마음껏 물을 마시고 그 안에서 뛰놀다가 잠이 들었다. 다음 날 아침에 눈을 떠보니 일곱 줄기의 물은 흔적도 없이 사라져 있었다.

지금 할머니는 병상에 누워 계신다. 일평생 예루살렘에 가보는 것이 소원이신 분이 이제는 움직임조차 자유롭지 못하니 간증을 하시다가 감정이 격해지셔서 갑자기 노래를 부르기 시작하셨다.

꿈마다 나타나는 예루살렘아, 눈물에 어리는 예루살렘아.
너를 찾아 헤매다가 제단 불 속에서 너를 찾았노라.
너를 찾아 헤매다가 예수님의 못 자국 속에서 너를 찾았노라.
우리는 눈물의 계곡을 헤매었고 하늘의 집을 향하여 헤매었다.
사망의 골짜기를 걸은 지 60년, 이제는 눈물마저 말라버렸구나.
사망의 쇠사슬을 끊으러 예수님이 오셨으며
영광의 길을 여시려고 주님이 오셨네.
옛 선교사들 우리 위해 눈물과 피를 흘렸으니
우리도 어서 나가 하나님의 약속을 이루세.

내가 지금 어떤 문제 가운데 있다 할지라도 적어도 한 가지는 나를 지탱해 줄 수 있다. 하나님께서 언젠가 회복시키실 것이고, 반드시 그날까지 나를 지키실 것이라는 사실이다. 나의 현실에 상관없이 주님 오실 때까지 내가 있는 이곳을 지키겠다는 사람들을 하나님께서는 찾고 계신다.

가정교회의 소년 지도자

내가 아는 한 조선족 형제 가족이 중국 내륙의 한 도시로 파송되어 갔다. 조선족 사역자라 후원금이 있는 게 아니어서 어려운 시정

가운데 있었지만, 하나님께서 기름부어주셔서 황무지에 교회가 세워지고, 급속도로 부흥이 일어났다.

그 부흥의 불길이 막 무르익어갈 때 형제가 쓰러졌고 검사 결과 장암이었다. 배가 불러오기 시작하는데 사역은 해야 하니까 아내가 사역을 대신하고, 형제는 하루 종일 집에 누워 있었다. 그들에게는 아들이 하나 있었는데 집이 5층이라 누가 방문하게 되면 병든 아빠가 문을 열어주러 나와야 해서 열세 살인 아들이 아빠 옆을 지키고 있었다.

형제는 1년간 투병하다가 하나님께로 갔다. 자매는 과부가 되었고 아들은 아빠를 잃었다. 보통 사람 같으면 끝났다고 생각하고 고향으로 돌아갈 것이다. 혹 남편이 세운 교회를 돌보는 것만도 굉장하다고 생각한다. 그런데 그 자매는 다른 선택을 했다.

"여기서 끝나지 않습니다. 우리의 목적지는 여기가 아닙니다. 이곳은 경유지일 뿐입니다. 우리의 목적지는 땅 끝입니다."

그녀는 이렇게 말하며 아들을 데리고 이란으로 갔다. 과부인 그녀는 생계를 위해서 중국식 발 마사지를 배워 이슬람 여인들의 발을 마사지해주면서 복음을 전했다. 중국 교회로부터 아무 후원도 없지만 중국 교회를 향해 메시지를 주고 싶었다고 한다.

'중국 교회도 선교할 수 있다. 과부도 하는데 누가 못하나?'

그녀는 아들을 그곳에 있는 국제학교에 보냈는데 7개 국어를 한다고 했다. 중국어, 한국어, 영어, 이란어, 아랍어, 독일어, 프랑스어까지. 그런데 문제는 하나도 제대로 못한다는 것이다. 그 이야기를 듣는데 하나님께서 내게 감동을 주셨다. 그 아이에게 '실상'(實相)이 필요하다는 것이었다.

만약 내가 어렸을 때 내 미래의 실상을 보았다면 더 힘 있게 달려갔을 거 같다는 생각을 했었다. 나는 그 아이에게 실상을 보여주기 위해서 이란으로 날아갔다. 한국의 한 교회에서 아이의 학비를 주어서 그것을 가지고 가서 그 아이를 만났다.

"삼촌도 세 나라에서 살면서 늘 33퍼센트 인생이라고 생각했어. 근데 지금 하나님 손에 붙들리고 나니까 300퍼센트를 살고 있어. 너는 700퍼센트로 주님을 위해 살 수 있을 거야."

그저 이 말을 하고 조그마한 아파트 옥상에 올라가 둘이 중국식 양 꼬치를 구워 먹고 기도해주고, 학비를 전해주고 돌아왔다.

그런데 기적이 일어나기 시작했다. 학교 가기 싫다고 떼를 쓰던 아이가 그때부터 공부를 하기 시작하더니 3년이 지난 지금 7개 국어를 능숙하게 한다. 그리고 겨울과 여름, 두 차례 방학이 되면 중국으로 간다. 지금 열여덟 살인데 중국 가정교회 지도자다. 그 친구를 본 중국 교인들이 놀라면서 도전받는다.

'우리도 할 수 있다. 과부가 아들 하나 이렇게 만들어내는데 우리가 못하겠냐?'

이런 친구가 중국 교회에는 또 하나의 믿음의 실상이 되는 것이다.

내가 달려갈 길과 주 예수께 받은 사명 곧 하나님의 은혜의 복음을 증언하는 일을 마치려 함에는 나의 생명조차 조금도 귀한 것으로 여기지 아니하노라 행 20:24

복음을 위해 나의 생명조차 조금도 귀한 것으로 여기지 않는 사람이 되지 않으면 주님이 주신 사명의 길을 가지 못한다.

누구든지 나를 따라오려거든 자기를 부인하고 자기 십자가를 지고 나를 따를 것이니라 마 16:24

크리스천의 삶은 열심히 살다가 고상하게 죽은 후에 십자가를 통과해서 예수님을 만나는 것이 아니다. 크리스천 삶이란 예수 그리스도를 나의 구주로 영접하는 순간부터 십자가를 통과한다. 십자가를 지고 나를 쫓으라는 것은 십중팔구 죽음을 선택하라는 뜻이다.

자기의 생명을 사랑하는 자는 잃어버릴 것이요 이 세상에서 자기의 생명을 미워하는 자는 영생하도록 보전하리라 요 12:25

하나님께서 우리를 부르실 때 그냥 부르시지 않는다. 많은 과정을 거치게 하신다. 그 과정은 나를 파괴시키고, 무너뜨리기 위함이 아니라 나의 삶을 풍성케 하기 위함이다. 그 과정을 통해서 없어진 것은 없어지고, 정리될 건 정리되어 결국은 부르심에 합당한 자로서 세워지게 된다. 약속의 땅에 들어가기까지, 하나님께서 나를 처음 창조하셨을 때 계획하신 그 모습으로 하나님을 섬기기까지, 하나님의 부르심과 은혜 안에서 자라고, 어떤 환난과 고난 속에서도 믿음을 잃지 않고 승리하는 철인이 되어야 한다.

에필로그

진짜 나의 집

전에 한 교단이 주최한 주일학교 교사 세미나에 갔다. 200여 명 되는 선생님들이 모여 있는 걸 보고 흥분이 되었다. 선생님들이 하나님과 연결되면 그들을 통해 아이들에게 엄청난 영향을 미칠 것이기 때문이다.

강단에 들어가서 문을 여는데 큰 현수막이 보였다.

"세계를 품는 아이들로 만들어주소서."

그것을 보는 순간 가슴이 뭉클하면서 눈물이 나왔다. 세계를 품으면 나처럼 된다. 짐 싸고, 떠나는 것을 반복하면서 기차, 비행기, 택시 가릴 것 없이 눕는 곳에서 자고, 집에 가도 다음 날 또 떠나야 하니까 짐을 펴놓아야 하는 삶. 그러다보니 이제는 한국도 집 같지 않고, 일본도 집 같지 않고, 중국도 집 같지 않고, 미국도 집 같지 않다.

사실 나는 어렸을 때부터 집이라고 느껴진 곳이 없었다. 열 살 때까지 한국에 살면서 이모, 삼촌, 할머니 댁에 있었는데 거기가 어머니, 아버지 집은 아니었으니까.

내가 초등학교(당시는 국민학교)에 다니던 시절에는 소지품 검사를 해서 외제를 쓰는 학생은 혼이 났다. 나는 매번 걸릴 수밖에 없었다. 아버지께서 나를 보러 한국에 오실 때마다 일제 학용품을 선물로 사오셨기 때문이었다. 선생님은 매번 걸리는 나를 배짱 있는 놈이라며 때리셨고, 친구들은 나를 '쪽발이 아들'이라고 놀렸다.

그러다 일본에 가게 되었다. 일본에 가면 괜찮을 거라고 생각했는데 전혀 아니었다. 내가 다니는 학교 옆에 일본 중학교가 하나 있었는데, 그 학교 교문 앞에 있는 불량배들이 내가 지나가면 항상 불렀다.

"어이, 조센진."

미국에 가면 괜찮을 줄 알았다. 그런데 앞서 말했듯이 사관학교 입학식 날 처음 들은 말이 "검은 눈동자, 검은 머리카락의 이 더러운 동양 놈아, 너희 나라로 돌아가라"였다.

어느 곳이 나의 진짜 고향이고 집인지 헷갈렸다.

한번은 누군가 나에게 물었다.

"크리스마스에 집에 가?"

나는 생각했다.

'우리 집이 어디지?'

그래서인지 선교지에 다니면서부터 이 찬양이 남다르게 다가왔다.

저 멀리 뵈는 나의 시온 성, 오, 거룩한 곳 아버지 집.
내 사모하는 곳에 가고자 한 밤을 새웠네.
저 망망한 바다 위에 이 몸이 상할지라도
오늘은 이곳, 내일은 저곳 주 복음 전하리.

그래서 나는 주님의 나라에 가는 날이 무척 기대가 된다. 천국 문에 들어가서 주님을 보는 순간 "주님" 하고 달려가서 그분의 품에 안기면 눈물이 막 날 거 같다. '천국에는 눈물이 없는데요?'라고 반문할 수 있다. 그런데 내 생각에는 적어도 첫날은 눈물이 있을 거 같다. 주님께서 그날에 우리의 눈물을 닦아주신다(계 21:3,4 참조)고 했으니 말이다.

하여튼, 나는 막 울 것 같다. 마음속에 맺힌 사연들이 너무나 많기 때문이다. 혼자서 외롭게 가는 그때마다 '주님, 언제 오십니까?'라고 목놓아 외쳤는데 그날에 하나님께서 나를 맞아주시면서 위로해주실 것이 기다려진다.

'수고했다, 이제 짐은 그만 싸도 돼. 우리 아버지 집에는 있을 곳이 참 많아. 내가 너를 위해서 그곳을 준비해왔어. 여기는 비자 문제로 신경 안 써도 되고 추방당할 걱정도 없어. 이제 영원토록 편히 쉬렴.'

그러면 내 안에서 이런 고백이 터져나올 것 같다.

'주님, 어떻게 저 같은 사람을 통해서 일하셨습니까? 저처럼 연약하고 부족하고 아무것도 아닌 존재를 통해서 일하시고, 결국 천국 문으로 저를 이끌고 가십니까? 주님의 높고 위대하심을 제 영혼이 찬양합니다.'

그날이 기다려지기 때문에 나는 오늘도 내게 주신 말씀을 붙들고 기도하며 주어진 길을 걸어가고 있다.

하나님이여 나를 어려서부터 교훈하셨으므로 내가 지금까지 주의 기이한 일들을 전파하였나이다 하나님이여 내가 늙어 백발이 될 때에도 나를 버리지 마시며 내가 주의 힘을 후대에 전하고 주의 능력을 장래의 모든 사람에게 전하기까지 나를 버리지 마소서 시 71:17,18

이 책을 마무리하면서 꼭 기억하고 감사하고 싶은 분들이 있다. 미국 사관학교 입학을 그토록 기뻐해주셨던 당시 후쿠오카 교회의 이성주 목사님과 늘 뒤에서 기도해주신 이옥란 원장님, 그리고 주안에서 신실한 친구인 Chris Lee 목사님, 특별히 나의 사랑하는 동생이며 최고의 동역자인 Ahmi Kim 전도사와 Ryan Lee 전도사에게 감사를 전한다.

철인

초판 1쇄 발행　2013년 2월 12일
초판 52쇄 발행　2025년 6월 4일

지은이	다니엘 김
펴낸이	여진구
편집	이영주 박소영 최현수 구주은 안수경 김도연 김아진 정아혜
책임디자인	마영애 노지현 조은혜 정은혜 남은진
홍보 · 외서	진효지
마케팅	김상순 강성민
제작	조영석 허병용
마케팅지원	최영배 정나영
경영지원	김혜경 김경희

303비전성경암송학교 유니게 과정
이슬비전도학교 / 303비전성경암송학교 / 303비전꿈나무장학회

펴낸곳　규장

주소　06770 서울시 서초구 매헌로 16길 20(양재2동) 규장선교센터
전화　02)578-0003　팩스　02)578-7332
이메일　kyujang0691@gmail.com
페이스북　facebook.com/kyujangbook
카카오스토리　story.kakao.com/kyujangbook
홈페이지　www.kyujang.com
인스타그램　instagram.com/kyujang_com
등록번호 1922-2461
since 1978.08.14

ⓒ 저자와의 협약 아래 인지는 생략되었습니다.
이 출판물은 저작권법에 의해 보호를 받는 저작물이므로 무단 전재와 무단 복제를 할 수 없습니다.

책값　뒤표지에 있습니다.
ISBN 978-89-6097-294-0 03230

규 | 장 | 수 | 칙

1. 기도로 기획하고 기도로 제작한다.
2. 오직 그리스도의 성품을 사모하는 독자가 원하고 필요로 하는 책만을 출판한다.
3. 한 활자 한 문장에 온 정성을 쏟는다.
4. 성실과 정확을 생명으로 삼고 일한다.
5. 긍정적이며 적극적인 신앙과 신행일치에의 안내자의 사명을 다한다.
6. 충고와 조언을 항상 감사로 경청한다.
7. 지상목표는 문서선교에 있다.

하나님을 사랑하는 자 곧 그의 뜻대로 부르심을 입은 자들에게는 모든 것이 合力하여 善을 이루느니라(롬 8:28)

Member of the
Evangelical Christian
Publishers Association

규장은 문서를 통해 복음전파와 신앙교육에 주력하는 국제적 출판사들의 협의체인 복음주의출판협회(E.C.P.A:Evangelical Christian Publishers Association)의 출판정신에 동참하는 회원(Associate Member)입니다.